STARGÅTE
SG·1

Frank Rehfeld
Wolfgang Hohlbein

STARGÅTE
SG·1

Episodenguide

Band 2

NACH DEM DREHBUCH UND DEN CHARAKTEREN
VON DEAN DEVLIN & ROLAND EMMERICH
FERNSEHBEARBEITUNG
VON JONATHAN GLASSNER & BRAD WRIGHT

BSV
Burgschmiet Verlag

Die Deutsche Bibliothek – CIP-Einheitsaufnahme
Ein Titelsatz für diese Publikation ist bei der Deutschen Bibliothek erhältlich.

Covergestaltung: Katharina Hitz
Satz: Reiner Swientek Fotosatz

ISBN 3-933731-68-2 – 1. Auflage 2001

PRINTED IN GERMANY

INHALTSVERZEICHNIS

ANHANG I: Die wichtigsten Fremdvölker ... 158

ANHANG II: Die wichtigsten Personen 172

EINFÜHRUNG

1994 gelang Roland Emmerich mit dem Film „Star-Gate" nicht nur ein großer internationaler Erfolg, sondern er begründete damit auch einen Mythos, der bis heute nichts von seiner Faszination eingebüßt hat. Die Geschichte um eine Gruppe von Menschen, die durch ein SternenTor auf einen anderen Planeten gelangt und den schier aussichtslosen Kampf gegen einen mächtigen Außerirdischen aufnimmt, der die dortige Bevölkerung als altägyptischer Sonnengott Ra unterdrückt, schrie geradezu nach einer Fortsetzung.

Es ist gängige Praxis in Hollywood, einem erfolgreichen Film einen zweiten Aufguss und gegebenenfalls noch weitere Teile folgen zu lassen. Im Fall von „StarGate" gab es die Fortsetzung jedoch nicht in Form eines oder mehrerer Filme, sondern einer ganzen Fernsehserie. Der Pay-TV-Sender *Showtime* erwarb die Rechte an dem Konzept und den Figuren, und am 27. Juli 1997 wurde die erste Folge von „StarGate Kommando SG-1" in Amerika ausgestrahlt. Wie zuvor der Kinofilm entwickelte sich auch die TV-Serie zu einem großen internationalen Erfolg.

Zum besseren Verständnis dessen, was bisher geschah, hier ein kurzer Überblick über die wichtigsten Ereignisse.

Im Kinofilm gelingt es dank der Mithilfe des Ägyptologen und Sprachforschers Daniel Jackson (James Spader), die geheimnisvollen Zeichen auf einem bereits in den zwanziger Jahren in Ägypten gefundenen riesigen Ring aus einem unbekannten Metall zu entziffern. Die Zeichen behaupten, dass es sich um ein „Tor zum Himmel" handelt. Mit modernster Technik gelingt es, den mehrere Meter durchmessenden Ring zu aktivieren. Er entpuppt sich als eine Art Transmitter, durch den ein militärisches

Einsatzkommando unter der Leitung von Colonel Jack O'Neill (Kurt Russell) auf den Planeten Abydos gelangt. Dieser wird von dem altägyptischen Gott Ra beherrscht, der sich als ein mit überlegener Technologie ausgestatteter Außerirdischer entpuppt. Ra gelangte einst sterbend zur Erde und ergriff Besitz von einem menschlichen Körper. Mittels einer besonderen Art eines Sarkophags – ein Gerät, das nicht nur Leben verlängern, sondern auch Tote wiedererwecken kann –, wurde dieser Körper bis in die Gegenwart jung gehalten.

Die Vorfahren der Abydonier wurden von Ra vor Jahrtausenden durch das SternenTor als Sklaven von der Erde nach Abydos gebracht. Dann gab es eine Rebellion, und das SternenTor auf der Erde wurde vergraben. Dadurch wurde es für Ra unpassierbar. Zusammen mit den Abydoniern nehmen O'Neill und seine Leute den Kampf gegen Ra auf, und es gelingt ihnen, ihn zu töten. O'Neill freundet sich mit Skaara an, dem Sohn des abydonischen Oberhauptes Kasuf. Daniel verliebt sich in Sha'uri, Skaaras Schwester, heiratet sie und bleibt auf Abydos zurück. Um eine ungestörte Entwicklung der dortigen Kultur zu gewährleisten, behauptet O'Neill nach der Rückkehr zur Erde, Daniel sei tot und das SternenTor auf Abydos zerstört worden.

Da Weltstars wie Kurt Russel und James Spader, die im Film die Hauptrollen gespielt hatten, für eine Fernsehproduktion nicht zur Verfügung standen, mussten ihre Rollen neu besetzt werden. Colonel Jack O'Neill wurde nun von Richard Dean Anderson, der Wissenschaftler Daniel Jackson von Michael Shanks gespielt. Neugeschaffene Hauptrollen wurden von den Darstellern Amanda Tapping (Captain Samantha Carter), Christopher Judge (Teal'c) sowie Don S. Davis (General Hammond) verkörpert. Neben einer ausführlichen Besprechung des Kinofilms und aller Folgen der ersten und zweiten Staffel enthält der erste Band des Episodenguides auch Porträts der Hauptdarsteller.

Zudem mussten für eine Fortsetzung als Serie neue Handlungsschauplätze und nach dem Tod Ras neue Bedrohungen geschaffen werden. Anders als zunächst geglaubt, war Ra nicht der letzte eines sterbenden Volkes. Die Serie beginnt damit, dass ein ihm ähnliches Wesen eines Tages zusammen mit einigen Wachen aus dem SternenTor tritt. Die Eindringlinge töten mehrere Soldaten und verschleppen eine Frau.

Nach diesem Vorfall gesteht der mittlerweile aus dem Dienst ausgeschiedene Jack O'Neill gegenüber General Hammond, dem neuen Leiter des StarGate-Projekts, dass er damals bei seiner Rückkehr gelogen hat. Er reist mit einem Team, dem auch die Astrophysikerin Captain Samantha Carter angehört, nach Abydos. Dort begegnen sie Daniel, der ihnen berichtet, dass das Tor ständig bewacht worden sei und von hier aus niemand zur Erde gereist sein könne. Allerdings hat er die Karte eines gewaltigen Netzes von SternenToren entdeckt, welches unzählige Planeten miteinander verbindet.

Das Team findet heraus, dass das Volk, dem Ra angehörte, Goa'uld heißt, eine parasitäre, kleinen geflügelten Schlangen ähnelnde Rasse, die sich in Wirtskörpern einnistet und diese fortan kontrolliert. Vor Jahrtausenden, ehe das SternenTor auf der Erde vergraben wurde, verschleppten die Goa'uld die Menschen nicht nur nach Abydos, sondern auch auf zahlreiche andere Welten, die zum großen Teil noch immer von ihnen beherrscht werden.

Der Goa'uld, der die Soldaten im SG-Center getötet hat, war Apophis, einer der mächtigsten Systemlords, der auch auf Abydos erscheint und mehrere Einwohner entführt, darunter Daniels Frau Sha'uri und ihren Bruder Skaara.

Daniel erkennt, dass er Sha'uri nur wiederfinden kann, wenn er O'Neill und den anderen zur Erde folgt. Dort erfahren sie, dass man das SternenTor inzwischen mit einer aus Titan bestehenden Irisblende geschützt hat, die ein unbefugtes Eindringen verhindert, wenn nicht zuvor ein bestimmter Transmittercode gesendet wird.

Mehrere SG-Kommandos werden gegründet, um friedlichen Kontakt zu Menschen auf anderen Welten aufzunehmen und Aufklärungsarbeit zu leisten. O'Neill kehrt in den aktiven Dienst zurück und übernimmt das Kommando über SG-1, zu dem auch Sam Carter und Daniel Jackson gehören. Sie folgen Apophis ins Zentrum seines Reiches, nach Chulak. Dort treffen sie auf Teal'c, den Anführer von Apophis' Leibgarde. Er ist ein Jaffa, ein Wesen, das die Larve eines Goa'ulds in sich trägt, bis diese voll entwickelt ist. Abgestoßen von Apophis' Grausamkeit, schlägt er sich auf die Seite der Menschen. Mit seiner Hilfe können sie die gefangenen Abydonier bis auf Sha'uri und Skaara befreien. Die beiden werden mittlerweile von Goa'uld-Parasiten beherrscht, Sha'uri von Amaunet, der Gefährtin von Apophis, Skaara von Klorel, Apophis' Sohn.

Teal'c tritt SG-1 bei. Das Team bereist zahlreiche Welten und begegnet dabei Bewohnern, die den unterschiedlichsten Kulturen der Erde entstammen. Darüber hinaus macht es auch die Bekanntschaft anderer Völker, von denen einige den Menschen technologisch überlegen sind. Zu ihnen gehören die pazifistischen Nox, die Tollaner und vor allem die Asgard, die den Menschen in Gestalt von Thor, dem nordischen Donnergott, bereits mehrfach geholfen haben.

Neben ihnen gibt es noch die Tok'ra, eine Widerstandsbewegung innerhalb der Goa'uld, die von diesen gejagt werden. Erstmals erfährt SG-1 davon, als bei einem Kampfeinsatz ein Symbiont namens Jolinar seinen sterbenden

Wirtskörper verlässt und sich in Sam Carter einnistet. Da Jolinar jedoch von einem Killer gejagt wird, opfert sie sich letztlich, um Sams Leben zu retten.

In ihren Träumen erinnert sich Sam an einzelne Phasen aus Jolinars Leben und teilt den anderen die Koordinaten einer Welt mit, zu der Jolinar mit anderen Tok'ra floh. SG-1 reist dorthin und es gelingt, Kontakt mit den Tok'ra aufzunehmen. Das anfängliche gegenseitige Misstrauen legt sich nach und nach. Anders als die Goa'uld rekrutieren die Tok'ra keine Wirte gegen deren Willen. Auch unterdrücken sie das Bewusstsein eines Wirtes nicht, sondern gehen mit ihm eine Symbiose zum beiderseitigen Vorteil ein. Der Wirt von Selmak, eines der ältesten Tok'ra, liegt im Sterben, ebenso Sams Vater, Jakob Carter, der unheilbar an Krebs leidet. Er wird zu den Tok'ra gebracht und erklärt sich einverstanden, Selmak in sich aufzunehmen, da nur der Symbiont ihn noch retten kann. Dadurch wird das Bündnis mit den Tok'ra besiegelt, und die Menschen gewinnen einen wichtigen Verbündeten.

Doch die Bedrohung durch die Goa'uld bleibt bestehen. Apophis plant mit Raumschiffen einen Großangriff auf die Erde, den SG-1 im letzten Moment verhindern kann. Dabei verliert Apophis nicht nur einen beträchtlichen Teil seiner Armee, sondern unter der Niederlage wird auch sein Ruf in Mitleidenschaft gezogen. Andere, mit ihm verfeindete Systemlords, versuchen daraufhin, sich seinen Machtbereich einzuverleiben. An ihrer Spitze stehen Heru'ur und Sokar. Chaos bricht auf den von Apophis beherrschten Welten aus.

Als Daniel nach Abydos zurückkehrt, trifft er dort zu seiner Überraschung eine hochschwangere Sha'uri vor. Das Kind stammt von Apophis. Er hilft ihr bei der Entbindung. Anschließend versteckt er das Kind bei ihrem Vater Kasuf und lässt sie glauben, Heru'ur hätte es entführt.

Sokar gelingt schließlich der Sieg über Apophis. Grausam gefoltert und tödlich verwundet flieht dieser auf die Erde und bittet um Asyl, doch sein Gegner folgt seiner Spur. Sokar gehört nicht zu den Systemlords, sondern hasst sie, da sie sich einst gegen ihn zusammengeschlossen und ihn aus seiner Welt vertrieben haben. In der irdischen Mythologie ist er als der leibhaftige Teufel bekannt. Seine Macht beweist er, als es ihm als einzigem Goa'uld um ein Haar gelingt, die Irisblende vor dem irdischen SternenTor zu überwinden. Doch das SG-Team schafft es, ihn zu besänftigen und damit die drohende Gefahr vorläufig abzuwenden, indem es ihm den Leichnam des mittlerweile gestorbenen Apophis' aushändigt.

Eine weitere Gefahr für die Menschheit stellen die Reetou-Rebellen dar. Die Reetou sind eine insektoide außerirdische Rasse. Besonders gefährlich sind sie, weil sie unsichtbar sind. Aus diesem Grund wurden sie als potentielle Bedrohung von den Goa'uld nahezu ausgerottet. Ein Teil der Reetou, die Rebellen, setzen den Kampf gegen die Goa'uld auf völlig skrupellose Weise fort. Sie wollen diese besiegen, indem sie sämtliche potentiellen Wirte ausrotten, auch wenn das milliardenfachen Mord überall in der Galaxis bedeutet. Ein erster Angriff der Reetou-Rebellen auf die Erde konnte abgewehrt werden, doch ist anzunehmen, dass sie ihre Pläne nicht aufgegeben haben.

Aber nicht nur Außerirdische stellen eine Gefahr für O'Neill und sein Team auf ihren Abenteuern dar. Immer wieder gerät das SG-Projekt auch ins Fadenkreuz von Politikern und des Pentagons. Das Projekt verschlingt viel Geld, bringt aber nur wenige konkret verwertbare Ergebnisse, wie sie sich die Militärs erhofft hatten – vor allem die Entwicklung neuer Waffentechnologien betreffend. Allen voran Colonel Mayborne macht dem Team ein ums andere Mal das Leben schwer. Er ist der Prototyp des sturköpfigen, nationalistischen Militärs, dessen Meinung nach friedliche Erkundungsmissionen ohne Wert sind. Er propagiert stattdessen die skrupellose Ausbeuten der femden Kulturen und den Raub aller auf der Erde noch unbekannten Technologien. Bisher konnte sich das SG-Team gegen ihn durchsetzen, doch sooft General Hammond Colonel Mayborne und seine Pläne auch zurückzuweisen vermochte, sitzt dieser ihm aufgrund einflussreicher Hintermänner dennoch weiterhin im Nacken.

Der Aufbau der Besprechungen der einzelnen Episoden der dritten Staffel in diesem Führer orientiert sich an dem des ersten Episodenguides (Staffel 1+2). Neben der Nummer der Folge, dem deutschen Titel und dem Originaltitel der Episode werden der Drehbuchautor, der Regisseur und die wichtigsten Gaststars aufgelistet.

Anschließend folgen eine detaillierte Inhaltsangabe sowie eine ausführliche Besprechung der jeweiligen Folge. Der Schwerpunkt liegt hierbei auf Kommentaren der Autoren, die selbstverständlich nur deren subjektive Meinungen widerspiegeln und keinen Anspruch auf Vollständigkeit erheben. Daneben werden außerdem Informationen über prominente Gaststars geliefert und neue Aspekte für die Entwicklung der übergreifenden Serienhandlung näher beleuchtet.

Neu hinzugekommen ist die Rubrik „*Zitate*“. Hier werden besonders witzige oder sonstige herausragende Sprüche und Dialoge der jeweiligen Folge wiedergegeben.

DRITTE STAFFEL

Darsteller:

Colonel Jack O'Neill – Richard Dean Anderson
Daniel Jackson – Michael Shanks
Captain/Major Samantha Carter – Amanda Tapping
Teal'c – Christopher Judge
General Hammond – Don S. Davis

Stabsangaben:

Executive Producers: Jonathan Glassner, Brad Wright, Michael Greenburg, Richard Dean Anderson
Producer: Robert C. Cooper, N. John Smith
Senior Story Editor: Tor Alexander Valenza
Story Editor: Heather E. Ash
Post Production Consultant: R. Michael Eliot
Casting: Mary Jo Slater & Tim Michaels
Canadian Casting: Carol Kelsay

FOLGE 43: DIE HÖHLE DES LÖWEN, TEIL 2
OT: INTO THE FIRE

Drehbuch: *Brad Wright*
Regie: *Martin Wood*

Gaststars:
Bra'Tac – Tony Amendola
Hathor – Suanne Braun
Major General Trofsky – Tom Butler
Dr. Raully – Samantha Ferris

Vorgeschichte:
(Da es sich bei dieser Folge um den zweiten Teil eines Zweiteilers handelt, der ohne Kenntnis der vorangegangenen Episode schwer verständlich ist, hier noch einmal der Inhalt von Folge 42 „Die Höhle des Löwen, Teil 1".)

O'Neill wird aus einem Kälte-Tiefschlaf erweckt. General Major Trofsky, der neue Leiter des SG-Programms, teilt ihm mit, dass er und seine Begleiter bei ihrer letzten Mission bereits tiefgefroren durch das SternenTor zurückgeschickt worden seien; anscheinend von einer fortschrittlicheren Rasse. Die anderen Mitglieder seines Teams seien jedoch bereits tot gewesen. Ihn habe man im Kälteschlaf belassen, bis man technisch in der Lage gewesen sei, ihn aufzutauen. Das sei erst jetzt der Fall gewesen. Man würde das Jahr 2077 schreiben.

Trofsky führt ihn durch die Basis und befragt ihn dabei nach seiner letzten Mission. O'Neill weiß nur noch, dass der Planet, zu dem SG-1 reiste, angeblich von den Goa'uld beherrscht wurde; ansonsten erinnert er sich an nichts mehr. Um herauszufinden, was geschehen ist, schlägt

Trofsky vor, sein Gedächtnis mit einer neuen Technologie, die von den Tok'ra stammt, zu stimulieren.

O'Neill erinnert sich an verschiedene Völker mit überlegener Technologie, denen er auf seinen Missionen begegnet ist, wie die Nox und die Asgard. Als O'Neill erschöpft ist, verlassen ihn Trofsky und die zuständige Ärztin. In verschiedenen Nebenräumen erwecken sie Daniel und Sam Carter und erzählen ihnen die gleiche Geschichte. Auch sie werden nach ihren Erinnerungen befragt.

Teal'c hingegen erwacht in der Basis der Gegenwart, kann sich aber nicht erinnern, was aus den anderen Mitgliedern des Teams geworden ist. Er möchte auf den Planeten zurückkehren, auf dem die anderen verschwunden sind, um nach ihnen zu suchen. Er vermutet, dass sie gefangengenommen wurden. Hammond lässt das jedoch nicht zu. Daraufhin quittiert Teal'c seinen Dienst und kehrt nach Chulak zurück.

Als O'Neill erneut aus seinem Schlaf erwacht, bekommt er mit, wie Trofsky und die Ärztin einige Worte in der Sprache der Goa'uld wechseln. Er wird misstrauisch, überwältigt einen Pfleger und flieht in dessen Kleidung. Als er den Teil der Basis verlässt, durch den er vorher schon geführt wurde, entdeckt er, dass es sich lediglich um einen Nachbau handelt, eine Kulisse innerhalb eines Goa'uld-Bauwerks. Dieses wird sowohl von Apophis' Schlangen- wie auch Heru'urs Horuskriegern bewacht. O'Neill findet Carter und Daniel und befreit auch sie. Allerdings bereiten ihnen die Gedächtnisverstärker Schwierigkeiten, da diese immer wieder im unpassenden Zeitpunkt Erinnerungsschübe auslösen.

Die Detailgenauigkeit, mit der die Kulisse nachgebaut wurde, verwundert Daniel; doch er erhält gleich darauf die Antwort auf seine Fragen. Die Anlage wird von Hathor beherrscht, die sich in Folge 12 „Der Kuss der Göttin" lange genug in der Basis aufgehalten hat. Die drei werden von ihren Wachen wieder gefangen genommen. Sie hat die verschiedenen Krieger von entfernten Außenposten der Goa'uld auf ihre Seite gezogen und hat damit begonnen, unbemerkt von den Systemlords einen eigenen Machtbereich aufzubauen. Da sie allerdings Jahrtausende im Tiefschlaf verbracht hat, besitzt sie zu wenig Kenntnisse über die aktuelle Lage in der Galaxis. Daher versucht sie dieses fehlende Wissen von den Menschen zu erhalten. Nachdem ihr Täuschungsmanöver aufgeflogen ist, versucht sie anfangs das Team mit Verlockungen auf ihre Seite zu ziehen. Als dies nicht fruchtet, entnimmt sie einem Jaffa einen gerade ausgewachsenen Goa'uld-Parasiten und fragt ihre Gefangenen, wer von ihnen ihn eingesetzt bekommen wolle.

Und so geht die Geschichte weiter:

Inhalt:

Colonel Makepeace kehrt von einer Mission zurück, bei der er auf die Tok'ra getroffen ist. Er berichtet General Hammond, dass sie ihm mitgeteilt hätten, SG-1 sei von Hathor gefangen genommen worden. Auch bringt er einen genauen Plan von Hathors Stützpunkt mit. Die Tok'ra haben diese Informationen von einem Spion, den sie bei Hathor eingeschleust haben.

Aufgrund dieser Nachricht beschließt Hammond, alle vier gegenwärtig zur Verfügung stehenden SG-Teams zu einer Rettungsmission unter dem Kommando von Makepeace auszuschicken. Die Soldaten dringen durch das SternenTor auf Hathors Welt vor.

Hathor spielt derweil mit ihren Gefangenen und droht ihnen mit der Goa'uld-Larve. Als sie beschließt, O'Neill den Parasiten einzusetzen, versucht dieser das Wesen zu packen, wird aber von Dr. Raully, der falschen Ärztin, niedergeschossen und betäubt, ehe er dem Parasiten Schaden zufügen kann.

Teal'c, der den Dienst quittiert hat und nach Chulak zurückgekehrt ist, findet Bra'Tac, seinen ehemaligen Lehrmeister, schwer verletzt vor. Nach Apophis' Tod hat er versucht, einen Aufstand anzuzetteln. Daraufhin haben dessen Wachen ihn gequält und dann zum Sterben zurückgelassen. Teal'c hilft ihm. Er schickt Boten aus, die alle Einwohner zusammenrufen sollen.

Als O'Neill aus der Betäubung erwacht, wird ihm der Goa'uld eingepflanzt. Er kämpft gegen den Parasiten an, doch ihm bleibt nur noch eine kurze Gnadenfrist, bis dieser die völlige Kontrolle über seinen Körper übernehmen wird.

Durch den Angriff, den Makepeace mit seinen Leuten auf Hathors Palast führt, ist die Goa'uld abgelenkt. Dies nutzt Dr. Raully, um sich O'Neill als Tok'ra zu erkennen zu geben. Sie friert ihn vorübergehend in einem Kryogen-Tank ein, wodurch der Parasit in ihm abgetötet werden soll.

Die SG-Teams dringen in den Palast ein. Ein erbitterter Kampf entbrennt zwischen ihnen und Hathors Jaffa. Es gelingt Makepeace, Sam und Daniel zu befreien. Der Funkkontakt mit dem Team, das das SternenTor bewacht, reißt ab, sodass ihnen keine Zeit für eine Suche nach O'Neill bleibt, da sie befürchten müssen, dass ihnen der Rückweg abgeschnitten wird. Als sie das Tor erreichen, ist dieses von den Jaffa mit einem undurchdringbaren Kraftfeld umgeben worden. Sie geraten in eine Falle, der nur wenige von ihnen entkommen können, darunter Makepeace, Sam und Daniel, der jedoch verletzt wird. Zusammen können sich in einen unterirdischen Tok'ra-Tunnel retten.

Auf der Erde macht sich General Hammond Sorgen um das mittlerweile überfällige Einsatzkommando. Er öffnet das SternenTor, und es gelingt ihm, Funkkontakt mit Makepeace aufzunehmen. Dieser schildert die Situation, woraufhin Hammond ihm Verstärkung zusichert. Der Präsident und der Generalstab weigern sich jedoch, ihm weitere Männer für eine so riskante Mission zur Verfügung zu stellen.

Nur wenige Bewohner von Chulak sind Teal'cs Aufruf gefolgt. Die meisten haben Angst vor Apophis verbliebenen Wachen und befürchten, dass dessen Sohn Klorel zurückkehren und anstelle seines Vaters die Herrschaft übernehmen könnte. Teal'c hält eine flammende Rede gegen die Goa'uld – die nur falsche Götter seien – und für die Freiheit. Er ruft zum Aufstand auf, doch nur ein einziger Jaffa und eine geheimnisvolle, vermummte Gestalt sind bereit, sich ihm anzuschließen. Als diese ihre Kapuze zurückschlägt, kommt darunter zu Teal'cs Verblüffung General Hammond zum Vorschein.

Sam Carter kehrt im Alleingang in Hathors Palast zurück, um den Generator für das Kraftfeld um das SternenTor zu finden und zu zerstören. Dabei stößt sie auf Dr. Raully, die von Hathor entlarvt und schwer verletzt wurde. Die Tok'ra erklärt Sam, wie sie O'Neill auftauen kann. Der Kryogen-Tank hat den Symbionten inzwischen vernichtet, ehe dieser sich mit seinem Wirt verbinden konnte.

Als der Auftauprozess eingeleitet wird, betritt Hathor den Raum und greift Sam sofort an. Unbemerkt von der Goa'uld wacht O'Neill auf. Er überwältigt Hathor und wirft sie in die Tiefkühlflüssigkeit. Das bedeutet ihr Ende. Sie finden den Generator hinter dem falschen SternenTor in der Nachbildung der Basis und bringen fernzündbare Sprengsätze daran an.

Als sie jedoch zum SternenTor zurückkehren, müssen sie feststellen, dass Daniel, Makepeace und die anderen Überlebenden mittlerweile von den Jaffa unter Führung von Trofsky gefangen genommen wurden. Er droht sie zu töten, wenn Sam sich nicht ergibt. Um Zeit zu gewinnen, bis die versprochene Verstärkung eintrifft, tritt O'Neill Trofsky entgegen, da dieser davon ausgehen muss, dass der Colonel ein Goa'uld ist. O'Neill berichtet von Hathors Tod, doch Trofsky weigert sich, ihm zu glauben und versucht stattdessen ihn zu töten.

Mit einem vor langer Zeit von Bra'Tac versteckten Todesgleiter kommen Teal'c und General Hammond in diesem Moment durch das SternenTor geflogen und greifen Trofsky und seine Leute an. Zusammen mit Bra'Tac folgen ihnen weitere Jaffa von Chulak, die sich entschlossen haben, doch noch den Kampf gegen die Goa'uld aufzunehmen.

Bemerkungen:

Die Episode ist recht spannend und actionreich in Szene gesetzt, besonders der Kampf um das SternenTor. Allerdings beschränkt die Handlung sich auch weitgehend auf die Kampfszenen, ansonsten ist die Geschichte ziemlich dünn.

Immerhin trifft der Vorwurf der Unglaubwürdigkeit, unter dem die erste Folge des Zweiteilers zu leiden hatte, hier nicht mehr so stark zu. Mit dem Nachbau eines Teils der StarGate-Basis hat Hathor einen gewaltigen Aufwand getrieben, nur um ihre Gefangenen zu täuschen und Informationen von ihnen zu erhalten, dabei wäre dies völlig unnötig gewesen. Sie hätte ihnen nur einen Goa'uld einzupflanzen brauchen, wie sie es ohnehin vorhatte, um von diesem anschließend sämtliche gewünschten Informationen zu erhalten.

Außerdem war sie bei ihrem ersten Auftauchen (s. Folge 11 „Der Kuss der Göttin“) in der Lage, jeden Mann um den Verstand zu bringen und unter ihren Willen zu zwingen, indem sie ihm einen aus extrem starken sexuellen Lockstoffen bestehenden violetten Nebel entgegenblies. Auch diese Fähigkeit, mit der sie an Informationen gelangen könnte, wird nicht mehr aufgegriffen.

Zwar liefert ihr absolut unsinniges Vorgehen die Grundlage für den Zweiteiler, aber da ihr Täuschungsmanöver von O'Neill und den anderen ohnehin durchschaut wurde, spielt es in dieser Episode kaum noch eine Rolle.

Recht unglaubwürdig, aber ein im Interesse der Dramaturgie bei den Goa'uld weit verbreiteter Fehler ist, dass Hathor das SternenTor in der Nähe ihres Palastes nicht ständig bewachen lässt, sodass jederzeit Feinde unbemerkt auf ihre Welt gelangen können. Zwar lässt sie den SG-Teams durch das Kraftfeld den Rückweg abschneiden, doch hätte sie diese sonst schon direkt bei ihrer Ankunft gefangen nehmen können und sich eine Menge Ärger erspart.

Meistens ist General Hammond nur ein trockener Vorgesetzter, der sich Bericht erstatten lässt, Befehle erteilt und auf Druck von oben manchmal äußerst unliebsame Entscheidungen bekannt gibt. In dieser Folge jedoch zeigt er, wie groß seine Solidarität mit den SG-Teams wirklich ist. Als ihm untersagt wird, weitere Soldaten als Verstärkung durch das SternenTor zu schicken, lässt er seine Leute nicht im Stich. Stattdessen reist er selbst nach Chulak, um Teal'c zu suchen und sich mit ihm zusammen persönlich in den Kampf zu stürzen.

Hathor stürzt zwar in die Tiefkühlflüssigkeit, und man hält sie für tot, doch sind daran Zweifel angebracht, da ihr Ende so erfolgte, dass man sie mit einem einfachen Kunstgriff jederzeit wieder auftauchen lassen kann – und das im wahrsten Sinne des Wortes.

Zitate:

„Und die grauen Haare stören dich nicht?"

(O'Neill zu Hathor, als diese ihm den Symbiont einsetzen und ihn zu ihrem Liebhaber machen will.)

„Hammond von Texas!"

(Bra'Tac voller Ehrerbietung und Freude, als der General sich auf Chulak zu erkennen gibt.)

„Alle mal herhören. Ihr solltet etwas erfahren, bevor ihr anfangt, zu schießen, zu töten und das zu ruinieren, was der Beginn einer wunderbaren Freundschaft werden könnte. Unsere geliebte Hathor ist tot!"

(O'Neill zu Trofsky und dessen Jaffa, als er ihnen am SternenTor als vermeintlicher Goa'uld entgegentritt.)

FOLGE 44: SETH
OT: SETH

Drehbuch: *Jonathan Glassner*
Regie: *William Corcoran*

Gaststars:
Jakob Carter – Carmen Argenziano
Seth – Robert Duncan
Hamner – Mitchel Kosterman
Stuart O'Connel – Tom Levinson

Inhalt:
Sams Vater Jakob Carter alias Selmak kommt durch das SternenTor auf die Erde. Er berichtet, die Tok'ra hätten festgestellt, dass sich der Goa'uld-Lord Seth, auch bekannt als Setesh, der altägyptische Gott des Chaos, auf der Erde befunden habe, als das SternenTor vor Jahrtausenden verschüttet wurde. Es gibt Hinweise darauf, dass er sich immer noch auf der Erde befindet.

Als ehemaliger Systemlord versuchte Seth vor langer Zeit, Ra zu stürzen; doch dieser Versuch schlug fehl. Seither haben die Goa'uld ebenso wie die Tok'ra ein Preisgeld auf seinen Kopf ausgesetzt, ohne ihn je zu entdeckt zu haben. Auch dies ist ein Indiz dafür, dass er die lange Zeit nicht durch ein SternenTor erreichbare Erde immer noch als Versteck benutzt.

Jakob Carter ist allerdings nicht nur gekommen, um vor Seth zu warnen und ihn zu suchen. Er möchte sich mit seinem Sohn Mark aussöhnen. Die beiden haben vor vielen Jahren den Kontakt zueinander verloren, und selbst als Jakob vor der Verschmelzung mit Selmak im Sterben lag, hat Mark ihn nicht besucht. Allerdings hat auch Sam ihren Bruder seit Jahren nicht mehr gesehen.

Daniel versucht, Seth über alte Aufzeichnungen auf die Spur zu kommen. Er findet heraus, dass es seit vorchristlicher Zeit auf der Erde immer wieder verschiedene Kulte gegeben hat, in denen ein Wesen mit Namen Seth verehrt wurde. Immer, wenn man ihm auf die Spur zu kommen drohte, wurden seine Anhänger tot aufgefunden, und er gründete irgendwo anders auf der Welt einen neuen Kult. Gegenwärtig gibt es in der Nähe von Seattle eine Sekte, die sich „Kinder von Seth" nennt. Das ATF (Bureau of Alcohol, Tobacco and Firearms) ermittelt wegen unerlaubtem Waffenbesitz gegen die Sekte. Ehemalige Mitglieder berichten, dass Seth seine Augen zum Glühen bringen kann, ein deutliches Zeichen, dass es sich um den gesuchten Goa'uld handelt.

Zusammen mit Jakob Carter begibt sich SG-1 nach Seattle, zum Sitz der Sekte. Vor der Zufahrt zu dem Areal treffen sie auf Jason Levinson, der sich um seinen Sohn Tom sorgt, der Mitglied der Sekte geworden ist. Er beobachtet das Anwesen bereits seit einiger Zeit und berichtet, es würde schwer bewacht. Die Wachen würden auf jeden schießen, der versucht, das Gelände zu betreten. Er liefert ihnen wichtige Hinweise über die Sicherheitsvorkehrungen.

Trotzdem dringen sie unbemerkt auf das Gelände vor und stellen fest, dass das Hauptgebäude mit schweren Geschützen gesichert ist. Eine besonders unangenehme Überraschung stellt die Entdeckung dar, dass die Wachen neben Gewehren und Maschinenpistolen auch Handfeuerwaffen der Goa'uld besitzen.

Als sie das Gelände wieder verlassen, treffen sie auf ein Einsatzkommando des ATF, das das Anwesen umstellt hat. Da O'Neill gegenüber Hamner, dem Einsatzleiter, auf die Geheimhaltung pocht, verweigert dieser zunächst jede Kooperation. Erst ein direkter Befehl des Präsidenten verändert die Situation. Von nun an ist O'Neill offizieller Leiter der Operation. Widerwillig muss Hamner sich seinen Anordnungen fügen.

Jakob Carter berichtet, dass Seth mit einer außerirdischen biologischen Substanz in der Lage ist, jede Person einer Gehirnwäsche zu unterziehen und sie sich gefügig zu machen. Allerdings kann man ihre Wirkung mit Elektroschocks brechen, und wer einmal von ihrer Wirkung befreit wurde, ist fortan gegen diese Substanz immun.

Es entspricht der paranoiden Mentalität der Goa'uld, Fluchttunnel von ihren Stützpunkten anzulegen, um sich immer eine Möglichkeit zum Rückzug offen zu halten. O'Neill lässt die Gegend danach absuchen, und sie entdecken einen Einstieg. SG-1 wird mit Ohrstöpseln ausgerüstet, die nicht nur Funkkontakt ermöglichen, sondern auch Stromschläge austeilen können. So ausgerüstet, dringt das Team mit Ausnahme von Teal'c und Jakob Carter, die aufgrund ihrer Symbionten sofort entlarvt würden, in den Tunnel vor und gelangt ins Hauptgebäude. Dort werden O'Neill, Sam und Daniel gefangengenommen und entwaffnet, ehe man sie Seth vorführt. Erwartungsgemäß infiziert er sie mit der biologischen Substanz, woraufhin sie das Bewusstsein verlieren.

Als sie erwachen, sind sie willenlose Gefolgsleute von Seth. Dieser erkennt, dass Sam einst Wirt für einen Symbionten war, und er folgert daraus, dass die Tok'ra ihn aufgespürt haben. Daraufhin befiehlt er, überall auf dem Gelände Sprengstoff zu verteilen und die Gefangenen zu töten. Ehe dies geschieht, weckt Teal'c sie jedoch mit einem Stromschlag aus dem Bann des Goa'uld. Sie befreien auch Tom Levinson aus dessen Einfluss und beginnen einen Guerillakrieg, indem sie die Sektenmitglieder mit Stromstößen aus den Handfeuerwaffen der Goa'uld betäuben und damit auch immunisieren. Die so befreiten Menschen werden durch den Fluchttunnel ins Freie gebracht.

Auch Seth mischt sich unter sie, wird jedoch von Jakob Carter enttarnt. Sam kann ihn töten. Nachdem die Gefahr gebannt ist, suchen Jakob und Sam Mark Carter auf, und es kommt zur Versöhnung der Familie.

Bemerkungen:

Grundsätzlich ist die Idee faszinierend, dass sich ein Goa'uld-Systemlord seit Jahrtausenden auf der Erde aufhält, doch werden fast sämtliche sich daraus ergebenden Perspektiven verschenkt.

Stattdessen bietet die Handlung nur eine recht simple Sekten-Story, die deutliche Anklänge an das Geschehen um die Davidianer in Waco, Texas, aufweist. Anstelle des von den Medien zum Nachwuchsteufel hochstilisierten David Koresh wird die Setesh-Sekte vom altägyptischen Gott des Chaos geleitet. Auch hortet Seth tatsächlich schwere Waffen auf seinem Anwesen, während eine Untersuchung festgestellt hat, dass die Davidianer nur halb so schwer bewaffnet waren, wie der Durchschnitt der texanischen Bevölkerung. Koresh ließ sein Anwesen niederbrennen und fand zusammen mit zahlreichen Anhängern in den Flammen den Tod, Seth sprengt sein Hauptquartier, doch können die in seine Gewalt geratenen Menschen vorher gerettet werden. Insgesamt wird Seth auf einen wenig beeindruckenden Größenwahnsinnigen zurechtgestutzt, der über ein paar besondere Fähigkeiten verfügt.

Der SF-Einschlag der Story ist dadurch äußerst gering. Auch ist die Handlung ist über weite Strecken vorhersehbar und deshalb wenig spannend. Zudem stellen sich zahlreiche die Logik betreffende Fragen.

So darf man bezweifeln, dass sich ein ehemaliger Systemlord, der sich selbst für einen Gott hält und einst als solcher verehrt wurde, damit zufrieden gibt, sich über die Jahrtausende hinweg lediglich von jeweils einer kleinen Zahl von Anhängern bewundern zu lassen. Selbst wenn er sich vor den übrigen Systemlords und den Tok'ra versteckt hält, dürfte jemand mit seiner Machtgier und den ihm zur Verfügung stehenden Mitteln weitaus stärkeren Einfluss auf die Menschheit ausüben. Da das SternenTor auf der Erde vergraben wurde, hätte er sich sogar ganz offen zum Herrscher aufschwingen können, da die Gefahr, dass andere Goa'uld auf die Erde kommen, verschwindend gering war.

Ärgerlich ist auch die Bemerkung über abtrünnige ehemalige Sektenmitglieder. Zwar wird beschrieben, dass die Wirkung der von Seth zur Gehirnwäsche verwendeten biologischen Substanz durch Elektroschocks gebrochen werden kann, doch wie häufig bekommt schon jemand rein zufällig einen Stromschlag? Außerdem würde Seth in seiner Paranoia sicherlich niemanden entkommen lassen, der sich seinem Willen entzieht. Stattdessen würde er ihn töten, damit keine Informationen über ihn an die Öffentlichkeit gelangen.

Alles in allem eine äußerst schwache Episode.

Zitate:

„Diese Kreatur repräsentiert Setesh. Deswegen waren auch die Helme der Setesh-Wachen Quelle von Witzen der Jaffa."

(Teal'c, als man ihm ein Fabelwesen zeigt, das Seth' Wappentier ist und verdächtig an ein Kaninchen erinnert.)

O'Neill: „Jaffa-Witze? Würd' gern mal einen hören."

Teal'c: „Ich versuche mal einen zu übersetzen. Eine Schlangen-Wache, eine Drachen-Wache und eine Setesh-Wache treffen sich auf einem Planeten. Ein kritischer

Augenblick. Die Augen der Schlangen-Wache glühen. Das Maul der Drachen-Wache speit Feuer – und die Nase der Setesh-Wache fängt an zu tropfen."

(Teal'c demonstriert, was die Jaffa unter Humor verstehen, und bricht anschließend zum großen Befremden aller Zuhörer in schallendes Gelächter aus.)

„Eunuchen? Wie in schnipp-schnapp-tralala?"

(O'Neill, als er erfährt, was Seth mit männlichen Gefangenen macht, die nicht in seinen direkten Hofstaat aufgenommen werden.)

„Ich warne dich: Wehe, ich wache morgen auf und singe Sopran."

(O'Neill zu Seth, als er kurz darauf mit der biologischen Substanz infiziert wird und das Bewusstsein verliert.)

FOLGE 45: DIE SAAT DES VERRATS
OT: FAIR GAME

Drehbuch: *Robert C. Cooper*
Regie: *Martin Wood*

Gaststars:
Verteidigungsminister – Michael David Simms
Chronos – Ron Halder
Nirrti – Jacqueline Samuda
Yu – Vince Crestejo

Inhalt:
Aufgrund ihrer Verdienste wird Captain Samantha Carter in Gegenwart des amerikanischen Verteidigungsministers zum Major befördert. O'Neill soll eine Laudatio halten, doch kaum hat er damit begonnen, wird er von einem weißen Licht eingeschlossen und verschwindet vor den Augen der anderen. Durch eine Art Transportsystem ist er an Bord eines Asgard-Schiffes „gebeamt" worden, wo er Thor (s. Folge 26 „Rückkehr des Thor") wieder trifft.

Dieser erklärt ihm, dass die Goa'uld-Systemlords nach Hathors Tod (s. Folge 43 „Die Höhle des Löwen") erst richtig auf die Menschen aufmerksam geworden seien und einen großangelegten Angriff planten. Thor bietet an, im Namen der Menschheit mit den Systemlords zu verhandeln, um die Erde in den Bund der von den Asgard geschützten Planeten aufzunehmen, die für die Goa'uld tabu sind.

Die Systemlords erklären sich mit den Verhandlungen einverstanden. Thor kündigt die baldige Ankunft einer Abordnung von ihnen auf der Erde an. Diese besteht aus den Goa'uld Nirrti, nach alten Hindu-Aufzeichnungen die zerstörerische Göttin der Finsternis, Yu, der sich nie als

Gott verehren ließ, aber einer der ersten chinesischen Kaiser war, und Chronos, der griechischen Mythologie nach einer der Titanen, der Vater von Zeus, Hera, Hades und Poseidon. Er ist einer der mächtigsten und grausamsten Systemlords, der einst sogar Sokar besiegte und davonjagte. Außerdem war er stets ein Todfeind von Apophis. O'Neill soll die Verhandlungen für die Menschen führen.

Die von Thor gestellten Bedingungen schließen ein, dass niemand in der Basis Waffen tragen darf. Auch die Goa'uld würden unbewaffnet eintreffen. Teal'c misstraut ihnen und weigert sich zunächst, seine Stablanze abzugeben. Erst auf ausdrücklichen Befehl General Hammonds gibt er schließlich nach. Aus Sicherheitsgründen wird die Basis hermetisch von der Außenwelt abgeschlossen.

Die drei Systemlords treffen durch das SternenTor ein und erweisen sich als nicht gerade pflegeleichte Gäste. Sie empfinden ihre Quartiere als Zumutung, außerdem sind sie empört über die dort installierten Überwachungskameras und verlangen, dass diese unverzüglich entfernt werden.

Schon bei der ersten Begegnung Teal'cs mit Chronos kommt es zum Streit zwischen den beiden. Da dieser in der Sprache der Goa'uld ausgetragen wird, verstehen die anderen nicht, worum es geht. Teal'c erklärt später, dass sein Vater vor vielen Jahren von Chronos getötet wurde. Daraufhin hatte Teal'c geschworen, sich eines Tages an diesem zu rächen und ihn zu töten.

Aber auch Sam hegt einen begründeten Hass gegen Chronos. Sie erkennt in ihm den Goa'uld, der einst den Killer schickte, der die Tok'ra Jolinar töten sollte, die sich zu dieser Zeit als Symbiont in ihrem Körper befunden hat (s. Folge 22 „Freund oder Feind?").

Die Verhandlungen erweisen sich aufgrund des Hochmuts der Goa'uld als schwierig. Sie brechen das erste

Treffen schon nach wenigen Minuten ab, nur weil O'Neill es wagt, ungefragt das Wort an sie zu richten.

Frustriert fragt er Thor, warum die Asgard zugelassen hätten, dass die Goa'uld überhaupt so große Macht erlangen konnten. Dieser erwidert, dass sein Volk nicht stolz darauf sei, doch die Gefahr erst zu spät bemerkt habe, weil es in seiner Heimatgalaxis gegen einen Feind zu kämpfen hat, der weitaus gefährlicher als die Goa'uld ist. Deren größter Vorteil (für die Asgard) ist ihre kämpferische Natur, wodurch die Goa'uld sich auch untereinander in Schach halten. Wenn irgendein Systemlord oder auch ein verbannter Goa'uld wie Sokar gegen einen Pakt verstoßen und einen geschützten Planeten angreifen würde, würden die übrigen Systemlords sich zusammenschließen, um dies zu verhindern. So überwachen sie einander und sorgen dafür, dass keiner einen zu großen Einfluss gewinnt.

Die größte Sorge der Asgard ist, dass ein einzelner Goa'uld wie beispielsweise Sokar zur dominierenden Macht aufsteigen und die Systemlords stürzen könnte, da es dann möglicherweise auch den Asgard nicht mehr gelingen würde, diesen aufzuhalten. Sie besitzen zwar ungeheure Macht, können aber nur damit bluffen. Im Ernstfall wären sie nicht in der Lage, sie tatsächlich zur Rettung eines unter ihrem Schutz stehenden Planeten einzusetzen, weil ihre Ressourcen anderweitig gebunden sind. Da O'Neill sich viel von ihrem Beistand versprochen hat, ist diese Nachricht zunächst ein Schock für ihn. Als die Verhandlungen wieder aufgenommen werden, verlangen die Systemlords als Voraussetzung für einen Pakt, dass beide SternenTore auf der Erde unwiederbringlich abgeschaltet werden. Nach Rücksprache mit dem Präsidenten wird diese Bedingung schweren Herzens akzeptiert, obwohl die Erde im Falle eines Angriffs dann völlig hilflos und nur auf den ungewissen Schutz der Asgard angewiesen wäre.

Bevor die Entscheidung den Systemlords jedoch mitgeteilt wird, findet man Teal'c und Chronos blutüberströmt im Quartier des Systemlords auf dem Boden liegen. Offenbar hat es einen Kampf zwischen den beiden gegeben. Chronos ist tödlich verletzt, nicht einmal sein Symbiont ist in der Lage, die schweren Verletzungen des Wirtskörpers zu heilen.

Die Aufzeichnungen der Sicherheitskameras auf dem Flur zeigen, dass niemand außer Teal'c das Quartier des Goa'uld betreten hat. Offenbar war ihm seine persönliche Rache wichtiger als die Verhandlungen, selbst wenn er die Erde damit ins Verderben stürzen sollte.

Nirrti und Yu drohen bittere Vergeltung an. Mit einem Heilungsgerät der Goa'uld, das SG-1 vor einiger Zeit in die Hände gefallen ist, versucht Nirrti, Chronos zu helfen, scheitert jedoch dabei. Sie und Yu wollen sofort zusammen mit Chronos abreisen, weil nur ein Sarkophag ihn retten könnte. Da jedoch nach ihrem Aufbruch binnen kürzester Zeit mit einem vernichtenden Angriff auf die Erde zu rechnen ist, verweigert General Hammond ihnen die Rückkehr, obwohl er sich darüber im Klaren ist, dass damit auch nur wenig Zeit gewonnen sein dürfte.

Thor erklärt, dass er angesichts der Eskalation der Lage vom Hohen Rat der Asgard angewiesen worden sei, mit seinem Schiff die Erdumlaufbahn zu verlassen, da die Menschen mit dem Angriff auf Chronos bedauerlicherweise gegen die getroffenen Vereinbarungen verstoßen und die Verhandlungen so zum Platzen gebracht hätten.

Teal'c erwacht aus dem Koma. Er behauptet, er habe eine Nachricht von Chronos erhalten, in der dieser ihn zu sich gebeten habe. Doch als er im Quartier des Systemlords eintraf, hatte der Goa'uld dies abgestritten. Als Teal'c wieder gehen wollte, wurden sie beide von einem unsichtbaren Gegner überfallen. Daniel äußert den Verdacht, ein Reetou könnte möglicherweise unbemerkt eingedrungen sein, eines der unsichtbaren Aliens, die Todfeinde der Goa'uld sind (s. Folge 40 „Neue Feinde"). Dies ist jedoch ausgeschlossen, da Teal'c dessen Gegenwart gespürt hätte.

Durch die einstige Verschmelzung mit Jolinar weiß Sam Carter, wie das Heilungsgerät der Goa'uld angewendet wird. Trotz Nirrtis Misserfolg setzt sie es selbst noch einmal bei Chronos ein, und anders als der Goa'uld gelingt es ihr, den Systemlord auf diese Art zu heilen. Offenbar hat Nirrti ein falsches Spiel getrieben und nur zum Schein eine Heilung versucht. Der Verdacht liegt nahe, dass sie auch selbst für den Angriff auf Chronos verantwortlich ist.

O'Neill entschließt sich zu einem Bluff. Er behauptet, dass man von den Tok'ra erfahren habe, dass Nirrti mit Geräten zur Phasenverschiebung experimentieren würde, die für den Kampf gegen die Reetou bestimmt sind. Yu erkennt, dass die Beschuldigung stichhaltig ist. Nirrti war von Anfang an gegen einen Pakt, außerdem hatte sie schon lange ein Auge auf Chronos' Territorium geworfen. Als dieser sie angreift, macht sie sich unsichtbar und versucht zu fliehen, wodurch sie sich vollends verrät.

Mit einem TLS, einer Waffe, die die Menschen während der Bedrohung durch die Reetou von den Tok'ra erhalten haben, macht Sam sie wieder sichtbar und nimmt sie gefangen.

Zum Dank für die Entlarvung der Verräterin sind Yu und Chronos bereit, einem Pakt zuzustimmen, ohne dass die Menschen die SternenTore aufgeben müssen. Es handelt sich nicht gerade um einen Friedensvertrag, aber immerhin um ein Waffenstillstandabkommen. Allerdings warnt Chronos die Menschen eindringlich davor, sich weiterhin in die Angelegenheiten der Systemlords einzumischen, sonst hätten sie die Konsequenzen selbst zu tragen.

Bemerkungen:

Die Menschheit erweist sich allmählich immer mehr als eine Bedrohung für die Goa'uld, und diese sind nicht bereit, dies länger zu dulden. Die Systemlords wollen mit vereinter Kraft einen Großangriff starten, der weitaus schlimmer wäre als der, den Apophis bereits versucht hat, an dem die übrigen Systemlords sich jedoch nicht beteiligt hatten (s. Folgen 18–21 „Die Invasion Teil 1–4"). Ihrer geballten Macht hätte die Erde nichts entgegenzusetzen.

Es war schon länger vorherzusehen, dass es einmal zu einem solchen Schritt kommen würde. Dementsprechend spannend ist die Ausgangssituation dieser Episode, und auch die Vorstellung, unter der Schirmherrschaft der Asgard eine Art „Gipfeltreffen" mit Vertretern der Systemlords abzuhalten, ist faszinierend. Die Feindschaft zwischen Chronos und sowohl Sam Carter wie auch Teal'c sorgt für weiteres Konfliktpotential.

Leider werden die sich daraus ergebenden Möglichkeit kaum genutzt. Stattdessen ist die Episode eine Art Kammerspiel, ein Kriminalstück, dessen in aller Eile quasi aus dem Hut gezauberte Auflösung allzu simpel ist. Auch wirken die drei Systemlords anders als Ra oder Apophis in ihren pompösen, altertümlichen Gewändern eher lächerlich als mächtig und bedrohlich.

Interessant sind lediglich einige von Thors Erklärungen über das Geschehen auf galaktischer Ebene. Wirkten gerade die Asgard, die sich beispielsweise im Gegensatz zu den ebenfalls hochentwickelten aber völlig pazifistischen Nox auch schon aktiv in den Kampf der Menschen gegen die Goa'uld eingemischt haben, bislang wie ein ungeheuer mächtiger Verbündeter, so wird dies hier relativiert. Zwar haben sie einige Planeten unter ihren Schutz gestellt, doch ist dies letztlich nur eine demonstrative Geste, ein Bluff, wie es O'Neill formuliert. Sollten die Goa'uld gegen die

Abkommen verstoßen, wären die Asgard nicht in der Lage, ihnen wirkungsvoll entgegenzutreten, da sie in ihrer Heimatgalaxis Krieg gegen einen weitaus gefährlicheren Feind führen. Mehr über diesen Feind erfährt der Zuschauer in den Episoden 64 und 65 „Nemesis Teil 1 + 2“.

Hauptsächlich verfahren die Asgard nach dem altrömischen Prinzip „teile und herrsche“. Solange sich die Systemlords untereinander misstrauen und bekämpfen, bleibt das gegenwärtige Gleichgewicht gewahrt. Ihre größte Sorge ist es deshalb, dass irgendwann ein besonders mächtiger Goa'uld die Systemlords stürzt und sich selbst zum Herrscher aufschwingt. Sokar ist der derzeit wohl aussichtsreichste Kandidat dafür. Sollte er an die Macht gelangen, würden der Galaxis schlimme Zeiten bevorstehen. Der vermeintliche Schutz und Beistand der Asgard für die von ihnen behüteten Welten würde sich dann als Seifenblase entpuppen, und auch der am Ende dieser Episode geschlossene Friedenspakt zwischen der Erde und den Systemlords wäre dann wohl hinfällig.

Schon seit er Apophis getötet hat (s. Folge 37 „Der Sturz des Sonnengottes“) deutet sich an, dass Sokar genau dieses Ziel verfolgt. Die Folgen 54 und 55 „Jolinars Erinnerungen“ und „Apophis Rückkehr“ greifen dieses Thema auf.

Zitate:

„Normalerweise bin ich kein Freund vieler Worte.“

(Jack O'Neills Beginn seiner Rede anlässlich Sam Carters Beförderung – und zugleich ihr Ende, weil er unmittelbar darauf spurlos verschwindet und seine Behauptung damit zwar unfreiwillig, dennoch aber eindrucksvoll unterstreicht.)

„Offenbar haben wir uns nett begrüßt, uns gegenseitig beleidigt und dann eine Pause eingelegt.“

(O'Neill berichtet Daniel, wie die erste schon nach wenigen Minuten abgebrochene Verhandlungsrunde mit den Systemlords gelaufen ist.)

„Wenn ich es mal klar und deutlich ausdrücken soll, das hier ist keine perfekte Galaxis."
(Thor zu O'Neill, nachdem die Verhandlungen nach dem Angriff auf Chronos abgebrochen wurden und er vom Hohen Rat der Asgard die Anweisung erhalten hat, die Erdumlaufbahn zu verlassen.)

FOLGE 46: BESESSEN
OT: LEGACY

Drehbuch: *Tor Alexander Valenza*
Regie: *Peter DeLuise*

Gaststars:
Everett Rothwell – Kevin McNulty
Dr. McKenzie – Eric Schneider
Dr. Fraiser – Teryl Rothery

Inhalt:

Bei einer Expedition zu einer fremden Welt stößt SG-1 in einem von innen verriegelten Raum auf die mumifizierten Leichen einer Gruppe von Goa'uld. Aufgrund eines Proteinrückstandes in ihren Körpern stellt Dr. Fraiser fest, dass die Symbionten vor ihren Wirten gestorben sind. Daniel hat das Gefühl, in dem Raum von etwas berührt zu werden.

Nach der Rückkehr zur Erde glaubt er mit einem Mal Stimmen zu hören, die ihn rufen. Doch in der Annahme, sich getäuscht zu haben, arbeitet er weiter an der Entschlüsselung von Aufzeichnungen, die bei den Toten gefunden wurden. Als SG-7 von einer Expedition zurückkehrt, sieht er anstelle der Mitglieder des Teams für einen Moment die mumifizierten Goa'uld.

In der Folgezeit erlebt er in immer kürzeren Abständen weitere Visionen. So entdeckt er in seinem Schrank das Transportfeld eines SternenTors, aus dem heraus ihn einer der toten Goa'uld packt. Dr. McKenzie, ein hinzugezogener Spezialist, diagnostiziert erste Anzeichen einer Schizophrenie bei ihm und spekuliert, diese könne von den Reisen durch das SternenTor hervorgerufen worden sein, zumal schon seit geraumer Zeit einige Mitglieder von SG-Teams unter gelegentlicher Migräne leiden. Aus diesem Grund ruft General Hammond sämtliche Teams zu einer gründlichen Untersuchung zurück und stoppt vorläufig alle weiteren Reisen durch das SternenTor.

Daniels Wahnvorstellungen verschlimmern sich. So sieht er, wie ein Goa'uld in O'Neills Körper schlüpft, und greift den Colonel daraufhin an. Er verhält sich immer verrückter und wird schließlich in eine Gummizelle gesperrt.

Nach einem Besuch bei ihm erleidet Teal'c plötzlich einen Schwächeanfall.

Daniel träumt von Machello. Dieser war ein erbitterter Feind der Goa'uld und erschuf Waffen für den Kampf gegen sie. Vor einiger Zeit traf SG-1 den sterbenden alten Mann, der heimlich mit Daniel einen Körpertausch vollzog. Da er diesen damit jedoch zum Tode verurteilt hätte, was er mit seinem Gewissen nicht verantworten konnte, machte er den Tausch schließlich rückgängig, auch wenn dies sein eigenes Ende bedeutete (s. Folge 38 „Seelenwanderung").

Im Traum sieht Daniel einen winzigen Parasiten in seinen Körper eindringen. Machello ruft ihm etwas über Erfindungen zu, welche die Goa'uld zu töten vermögen. Daraufhin gewinnt Daniel seinen klaren Verstand zurück und erkennt nun, dass die Goa'uld an einer von Machello entwickelten Waffe gestorben sind. Dr. McKenzie hält ihn jedoch weiterhin für verrückt und will ihn mit Drogen ruhig stellen, nachdem Daniel ihm gegenüber von einem außerirdischen Organismus spricht.

Derweil stellt Dr. Fraiser, die Teal'c nach seinem Zusammenbruch untersucht, fest, dass sein Symbiont aus unbekannten Gründen im Sterben liegt.

Daniel bittet McKenzie, bei Fraiser nachzufragen, ob Teal'c erkrankt ist. Da dies tatsächlich der Fall ist, wird O'Neill zu Daniel vorgelassen. Dieser erklärt ihm, dass er bei den toten Goa'uld mit einer von Machello einst gemachten Erfindungen, einer Art von Goa'uld-Killer, in Kontakt gekommen ist. Da er keinen Symbionten in sich trägt, verursachte sie bei ihm lediglich eine vorübergehende Schizophrenie. Dann jedoch ist der Mikroorganismus von ihm auf Teal'c übergesprungen, für den die Folgen sehr viel schlimmer sind, weil er eine Goa'uld-Larve in sich trägt.

Unter den in Machellos Nachlass gefundenen Gegenständen befindet sich eine Tafel, die genau wie die aussieht, die sie bei den toten Goa'uld entdeckt haben. Als Fraiser diese unter strengen Sicherheitsvorkehrungen im Labor öffnet, entweichen ihr mehrere der winzigen Parasiten. Sie durchdringen fast mühelos die Wände des Schutzkastens, und nisten sich in Sam, Dr. Fraiser und O'Neill ein. General Hammond verhängt daraufhin sofort eine Quarantäne über das Labor.

Während Fraiser und O'Neill binnen kürzester Zeit an Wahnvorstellungen zu leiden beginnen, ist Sam offenbar immun gegen die Parasiten. Kurz darauf verlassen die in sie eingedrungenen Mikroorganismen sie wieder und sterben. Sam behauptet, unmittelbar zuvor habe sie Machellos Stimme in ihrem Geist gehört, die ihr sagte, ihr Goa'uld-Opfer sei bereits tot. Die Parasiten haben entdeckt, dass sie einst ein Wirt war, ihr Symbiont aber bereits starb. Ihrem Programm zufolge betrachteten sie ihre Aufgabe damit als erledigt.

Es gelingt ihr, die bei Jolinars Tod in ihrem Körper zurückgebliebenen Proteinrückstände zu isolieren. Als sie diese den anderen spritzt, sterben auch deren Parasiten ab. Auch Teal'c kann auf diese Weise gerettet werden.

Bemerkungen:

Einige von Daniels Wahnvorstellungen sind zum Teil recht skurril, beispielsweise das SternenTor in seinem Kleiderschrank, oder der Goa'uld, der in O'Neill schlüpft, ohne dass dieser darauf reagiert.

Erfreulich ist, dass die Handlung um Machello hier noch einmal aufgegriffen wird, immerhin gilt er als der bedeutendste Erfinder von Waffen gegen die Goa'uld, und es ist nicht anzunehmen, dass sie mit seinem Tod alle verschwunden sind.

Neu ist die Idee, Teal'c versehentlich unter einer gegen die Goa'uld gerichteten Waffe leiden zu lassen, allerdings nicht. Auch wenn das Umfeld ein ganz anderes war, gab es etwas Ähnliches schon in Folge 9 „Im Reich des Donnergottes", wo er durch Thors Hammer fast getötet worden wäre.

Auch stimmt das Tempo der Episode bedauerlicherweise nicht. Zu ausführlich werden Daniels anfängliche Wahnvorstellungen dargestellt, obwohl der rapide Verfall seines Geisteszustandes bis hin zu seiner Einweisung in die Gummizelle recht faszinierend ist.

Erst gegen Ende erkrankt plötzlich Teal'c lebensgefährlich, und seine Rettung stellt nur ein medizinisches Problem dar, für das binnen weniger Minuten ein Heilmittel gefunden wird. Die Lösung, dass die Parasiten es spüren, wenn ein Symbiont einen Wirt bereits verlassen hat, ist, da Machellos Waffen ja nur gegen die Goa'uld gerichtet sind, zwar folgerichtig, besonders dramatisch ist das aber nicht. Bedauerlicherweise leidet die Spannung erheblich unter dem überhasteten Ende.

Zitate:

O'Neill: „Wie wär's mit einer Runde Rommé?"
Daniel: „Davon habe ich nicht besonders viel Ahnung."
O'Neill: „Gut! Holen Sie die Karten!"
(Nachdem er beim Schach verloren hat, brennt O'Neill auf eine Revanche.)

„Ich möchte mich schon im Voraus entschuldigen, falls ich irgendetwas sage oder tue, was möglicherweise verletzend wäre, denn schließlich werde ich ja irre!“

(O'Neill, nachdem er von den Parasiten infiziert wurde und weiß, dass er den Verstand verlieren wird.)

FOLGE 47: DIE LEKTION DER ORBANER
OT: LEARNING CURVE

Drehbuch: *Heather E. Ash*
Regie: *Martin Wood*

Gaststars:
Kalan – Amdrew Airlie
Merrin – Brittney Irvin
Dr. Fraiser – Teryl Rothery
Tomin – Lachlan Murdoch

Inhalt:
Zwischen der Erde und dem Volk der Orbaner hat sich ein friedlicher Gedankenaustausch zum beiderseitigen Vorteil entwickelt. Die Orbaner stammen von Vorfahren der Azteken ab, haben sich jedoch innerhalb kurzer Zeit eine unglaubliche Menge an Wissen angeeignet und ihre Technik auf einen höheren Stand als die Menschen auf der Erde gebracht. Als eine Art Vermittler fungiert Kalan, der eine hohe Position bei den Orbanern innehat.

Daniel und Teal'c bleiben auf Orban zurück, während Merrin, ein erst elfjähriges Mädchen, mit O'Neill zur Erde reist, um Sam die Funktionsweise eines Naquadah-Generators zu erklären. Naquadah ist ein auf der Erde nicht vorkommendes Erz, das gewaltige Energien entfalten kann, und aus dem auch die SternenTore bestehen. O'Neill bezeichnet Marrin scherzhaft als Reaktor-Expertin, doch trifft er damit den Nagel auf den Kopf. Das Mädchen ist für sein Alter geistig ungeheuer weit entwickelt und verfügt über ein enormes Wissen, doch weist es im emotionalen Bereich starke Defizite auf. So weiß Merrin nicht, was es bedeutet, zu spielen oder sich sonstwie zu vergnügen. Phantasie und Kreativität fehlen ihr völlig.

Auf Orban macht Teal'c ähnliche Erfahrungen. Während Daniel an der Ausgrabung und Restaurierung eines Mosaiks teilnimmt, das weitere Hinweise auf die Herkunft der Orbaner liefern könnte, soll Teal'c einem Jungen von den Goa'uld erzählen. Die Orbaner wissen nichts von ihnen und sind entsprechend besorgt. Dieser Junge, Tomin, ist der Sohn von Kalan und nimmt alle Informationen begierig in sich auf, zeigt aber ebenfalls praktisch keine Gefühle. Im Gegensatz zu ihm zeigt sich Kalan selbst an wichtigsten Informationen völlig uninteressiert und verweist immer wieder auf seinen Sohn.

Derweil hat Sam große Schwierigkeiten, die Funktionsweise des Reaktors zu begreifen. Merrin besitzt zwar alles nötige Wissen darüber, spult ihre Informationen jedoch nur wie ein Computer herunter, ohne sie sinnvoll vermitteln zu können. Als Lehrerin scheint sie höchst ungeeignet. Jede unerwartete Zwischenfrage bringt sie aus dem Konzept und stellt sie vor Probleme. Sam bittet sie, Skizzen vom Innenleben des Generators anzufertigen. Zwar weiß das Mädchen zunächst nicht, was Zeichnen ist, und als Sam zur Erläuterung sich selbst als Strichmännchen malt, kann Merrin damit nichts anfangen. Dennoch macht sie sich sofort an die Arbeit und fertigt innerhalb kürzester Zeit unglaublich detaillierte technische Konstruktionspläne an.

Bei einer Untersuchung entdeckt Dr. Fraiser Naniten in Merrins Blut, winzige Maschinen aus dem Bereich der Nanotechnologie, und findet schließlich sogar heraus, dass das gesamte Gehirn des Mädchens davon infiziert ist. Da man mit Naniten bereits schlechte Erfahrungen gemacht hat (s. Folge 8 „Die Auserwählten"), will General Hamond die Basis sofort unter Quarantäne stellen, doch Merrin erklärt, dass von den Naniten keinerlei Gefahr drohe. Ihr ganzes Volk besitzt sie und hat sie selbst entwickelt. Auf diesem Weg gelangen die Orbaner an ihr großes Wissen.

Zahlreiche Kinder auf Orban werden als sogenannte Oronen ausgewählt. Nach ihrer Geburt erhalten sie Millionen von Naniten, die mikroskopisch kleine Wissensspeicher darstellen. Anschließend beginnen die Oronen, möglichst viel Wissen in sich aufzunehmen. Während einer Prozedur, die Averium heißt, werden diese Naniten auf alle anderen Orbaner übertragen, die damit ebenfalls dieses Wissen erhalten, ohne es sich selbst mühsam aneignen zu müssen. Dadurch erklärt sich die schnelle Entwicklung ihres Volkes.

Tomin hält die von Teal'c erhaltenen Informationen über die Goa'uld für so wichtig, dass er sich sofort dem Averium unterziehen möchte. Ein anderer Orone wird Teal'c zugeteilt, doch dieser besteht darauf, Tomin zu sehen. Kalan führt ihn zu ihm. Der Junge ist völlig apathisch und erkennt ihn nicht mehr. Durch die Entnahme der Naniten verliert ein Orone sein gesamtes Wissen, seine bisherige Persönlichkeit wird ausgelöscht, und er muss wieder ganz von vorne anfangen. Auch ist er selbst gegen die Aufnahme neuer Naniten und des in ihnen gespeicherten Wissens immun. Gemessen am Wissensstand der übrigen Bevölkerung ist ein ehemaliger Orone deshalb geistig verkrüppelt. Der Gedanke, sich gegenseitig etwas auf „normale" Art beizubringen, ist für die Orbaner völlig unvorstellbar. Andere Wege des Lernens, als die Übertragung von Wissen durch Naniten, kennen sie nicht.

Als Sam und O'Neill, die Merrin mittlerweile in ihr Herz geschlossen haben, erfahren, welches Schicksal dem Mädchen blüht, sind sie entsetzt und wollen es nicht mehr nach Orban zurückkehren lassen, was Kalan sehr erbost. Er erklärt Daniel, dass sie Zeit ihres Lebens die Funktionsweise eines Naquadah-Reaktos studiert habe. Ohne ihr Averium ginge dieses Wissen den Orbanern verloren. Ein anderer Orone müsste elf Jahre lang die gleiche Prozedur durchmachen, damit alle dieses Wissen erhielten. Kalan fordert die sofortige Rückkehr Merrins, die dies ebenfalls unbedingt will. Das Mädchen ist sich ihrer Bedeutung für ihr Volk bewusst und betrachtet ihr bevorstehendes Averium als solch große Ehre, dass alles gute Zureden nichts nützt.

Als General Hammond die Herausgabe des Mädchens verfügt, entführt O'Neill sie heimlich aus dem Stützpunkt. Er bringt sie zu einer Schule, wo sie mit Gleichaltrigen irdischen Kindern spielt und am Zeichenunterricht teilnimmt. Als O'Neill sie auffordert, eine Blume zu malen, ist sie damit zunächst völlig überfordert, weil sie nicht die exakt richtige Farbe hat. Behutsam bringt er ihr bei, ihre Phantasie zu gebrauchen. Sie lernt, sich etwas vorzustellen, das so gar nicht existiert, bis sie schließlich eine Blumenwiese malt, die sie noch nie zuvor gesehen hat. Merrin ist stolz auf sich und findet Spaß an der neuen Art des Lernens. Dennoch bringt O'Neill sie schließlich zum Stützpunkt zurück, wo Kalan sie empfängt und nach Orban begleitet.

Am nächsten Tag bitten die Orbaner SG-1, sofort nach Orban zu kommen. Dort hat sich nach Merrins Averium über Nacht eine völlige Wandlung vollzogen. Zusammen mit ihrem Wissen haben die Orbaner durch die Aufnahme ihrer Naniten auch ihr Vergnügen am Spielen übertragen bekommen. Alle haben damit begonnen, zu spielen und zu malen. Kalan erklärt, von nun an werde man auf die irdische Art lernen, statt durch die Übertragung von Naniten.

O'Neill entdeckt Merrin, die ebenfalls an einer Wand malt, doch erkennt sie ihn nicht mehr. Er freundet sich neu mit ihr an und hilft ihr beim Zeichnen.

Bemerkungen:

In den Star-Trek-Serien gibt es eine oberste Direktive, die besagt, dass die Sternenflotte nicht das Recht hat, sich in die inneren Angelegenheiten einer fremden Zivilisation einzumischen und deren Entwicklung zu manipulieren. Gäbe es eine solche Direktive auch in StarGate, müssten sich O'Neill und seine Mitstreiter praktisch ständig vor einem Kriegsgericht verantworten. Der in dieser Episode behandelte Fall ist besonders gravierend und ärgerlich.

Schon auf der Erde, sogar innerhalb Europas gibt es gravierende kulturelle Unterschiede. So stellt der Stierkampf in Spanien eine uralte und hoch geachtete Tradition dar, während er in den meisten anderen Ländern nur als Tierquälerei betrachtet wird. Letzteres ist Meinungsfreiheit, dennoch ist keine andere Nationalität berechtigt, den Spaniern aufgrund der eigenen vermeintlich höheren Ethik ihre Tradition einfach zu verbieten.

Dieser Fall zeigt, wie schwierig es schon innerhalb eines Staatenbundes wie Europa ist, mit dieser Frage umzugehen. Um wieviel komplizierter muss die Angelegenheit erst auf galaktischer Ebene werden?

Die Orbaner stellen das Wohl der Gemeinschaft über das des Einzelnen, speziell das eines Oronen. Doch betrachten gerade die Oronen es als eine große Ehre, auserwählt zu werden und während des Averiums ihr erworbenes Wissen an andere weitergeben zu dürfen, selbst wenn dabei ihre Persönlichkeit ausgelöscht wird.

Man kann über die Ethik dieses Verfahrens streiten, aber sie ist ein zentraler Punkt der orbanischen Lebensart. Praktisch ihre gesamte Zivilisation beruht darauf, und indem dies verändert wird, kommt es zu einer extremen Veränderung ihrer gesamten Kultur, vielleicht sogar zu deren völligem Zusammenbruch. Diese möglichen Konsequenzen werden in der Episode allerdings nicht mehr weiter behandelt.

Dass alle Orbaner sich aufgrund von Merrins Erfahrungen, die an sie weitergegeben werden, über Nacht in

„Spielkinder" verwandeln, mag zunächst wie ein gelungener Gag wirken, doch wenn man die zu erwartenden Folgen bedenkt, bleibt einem das Lachen schnell im Halse stecken. Deshalb ist dieser äußerst oberflächliche Umgang mit diesem Thema nicht nur ärgerlich, sondern sogar gefährlich.

Zitate:

„Teal'c, sei nett zu allen – wie immer."

(O'Neill verabschiedet sich mit einem ziemlich überflüssigen Rat von dem Jaffa, als dieser auf Orban zurückbleibt.)

Merrin: „Bist du auch Wissenschaftler?"

O'Neill: „O nein."

Merrin: „Dann bist du also nicht so klug wie Major Carter und Doktor Fraiser?"

O'Neill: „Tja, das hängt ganz davon ab. Okay, nein, bin ich nicht."

(Merrin trifft O'Neill zielsicher an seinem wunden Punkt.)

FOLGE 48: LEBENSLINIEN
OT: POINT OF VIEW

Drehbuch: *Jonathan Glassner & Brad Wright*
Regie: *Peter DeLuise*

Gaststars:
Major Kawalsky – Jay Acovone
Apophis – Peter Williams
Dr. Fraiser – Teryl Rothery

Inhalt:

In Folge 18 „Die Invasion, Teil 1“ fiel SG-1 ein seltsamer Spiegel in die Hände. Er vermag Durchgänge in Paralleluniversen zu öffnen. Damals verschlug es Daniel Jackson in eine solche Parallelwelt, wo gerade ein Großangriff Apophis' auf die Erde stattfand. Als er in seine eigene Realität zurückkehrte, konnte aufgrund dieses Wissens der auch hier bevorstehende Angriff vereitelt werden. Der Spiegel wurde wie die meisten anderen im Laufe der Zeit zusammengetragenen außerirdischen Artefakte in die streng geheime Militäranlage Area 51 gebracht.

Nun wird plötzlich von außen ein weiterer Durchgang geöffnet. Eine langhaarige Sam Carter und Major Kawalsky flüchten aus einer Parallelwelt vor einem Angriff der Goa'uld auf das StarGate-Center durch den Spiegel in unsere Realitätsebene. Bei ihrer Ankunft lösen sie Alarm aus und werden von Wachen gefangen genommen. Man überstellt sie ans StarGate-Center.

Dort ist Kawalsky ziemlich verblüfft, dass sich jeder wundert, wieso er noch lebt – in unserer Realitätsebene starb er in Folge 1 „Der Feind in seinem Körper“. Umgekehrt ist die „andere“ Sam Carter, die eine reine wissenschaftliche Karriere eingeschlagen hat, überrascht, dass ihr

Ebenbild hier sich der Air-Force angeschlossen hat. Noch mehr überrascht sie die Begegnung mit Jack O'Neill, mit dem sie in ihrer Welt verheiratet war, bis er von den Goa'uld getötet wurde. Daniel Jackson ist ihnen völlig unbekannt, er hat sich dem StarGate-Projekt nie angeschlossen.

Da in ihrer eigenen Realität die Erde von den Goa'uld beherrscht wird, bitten die beiden um Asyl, das ihnen nach Rücksprache mit dem Präsidenten gewährt wird.

Ihre Gegenwart führt jedoch bald zu menschlichen Spannungen. So hat Dr. Carter große Schwierigkeiten im Kontakt mit O'Neill, da dieser sie nicht liebt, während sie von ihren unerwiderten Gefühlen fast überwältigt wird.

Kawalsky hingegen will sich bei der ersten Begegnung mit Teal'c auf ihn stürzen, da dieser in seiner Realität den Angriff auf die Erde leitete. Er kann kaum glauben, dass der Jaffa die Seiten gewechselt hat und begegnet ihm mit größtem Misstrauen.

Aber es ergeben sich noch größere Schwierigkeiten. Dr. Carter erleidet einen Entropie-Schock, da ihre doppelte Anwesenheit in dieser Realität allen Naturgesetzen widerspricht. Kawalsky ist davon nicht betroffen, da er in diesem Universum tot ist, doch die „andere" Sam wird sterben, wenn sie lange hierbleibt. Damit sie zurückkehren kann, muss „ihre" Erde jedoch erst von der Herrschaft der Goa'uld befreit werden.

Daniel schlägt vor, die Möglichkeiten, die ihnen hier im Gegensatz zu den Menschen des Paralleluniversums zur Verfügung stehen, zu nutzen. Er regt an, Kontakt zu den Asgard im anderen Universum aufzunehmen, damit diese der dortigen Erde helfen. Um durch das SternenTor dort zur Welt der Asgard zu gelangen, müsste daran allerdings erst ein spezieller Zusatzgenerator installiert werden.

Kawalsky erklärt, dass er dies bewerkstelligen könne. Teal'c soll ihn begleiten, da er in der Parallelwelt immerhin der Befehlshaber von Apophis' Jaffa ist. Allerdings darf er sich nicht länger als achtundvierzig Stunden dort aufhalten, sonst würde er durch seine doppelte Existenz ebenfalls erkranken. Kawalsky hat weiterhin große Vorbehalte gegen Teal'c, stimmt jedoch schließlich zu.

Mit vereinter Kraft gelingt es den beiden Carters, den benötigten Generator zu entwerfen.

O'Neill, Daniel und Teal'c wechseln zusammen mit Kawalsky und Dr. Carter in das Paralleluniversum, wo Apophis gerade auf der Erde eingetroffen ist. Die beiden Teal'cs treffen aufeinander, was für den Teal'c der anderen Welt tödlich endet. Der abtrünnige Jaffa tritt an seine Stelle. Es gelingt ihm, General Hammond zu befreien, der von Apophis gefoltert wurde. Derweil dringen die anderen bis zu den Kontrollelementen des SternenTors vor und schließen den Zusatzgenerator an. Sie wählen die Koordinaten des Asgard-Planeten an. Doch als Dr. Carter durch das SternenTor geht, werden sie von Apophis überrascht und von dessen Jaffa gefangen genommen. Bevor Apophis sie hinrichten kann, taucht ein Raumschiff der Asgard in der Erdumlaufbahn auf. Apophis und seine Jaffa fliehen; die Erde des Paralleluniversums ist gerettet.

O'Neill, Daniel und Teal'c kehren durch den Spiegel in ihre eigene Realität zurück.

Bemerkungen:

Unter den bisherigen Folgen der dritten Staffel stellt diese Episode ein Highlight dar. Sie bietet eine interessante Handlung und eine gelungene Mischung aus Humor in der ersten und Action in der zweiten Hälfte.

Das Spiel mit den Realitätsebenen und verschiedenen Paralleluniversen klingt recht kompliziert, ist aber letztlich recht einfach zu verstehen – selbst O'Neill kapiert es schließlich.

Die Episode greift nicht nur Ereignisse aus „Die Invasion, Teil 1" wieder auf, sondern wirkt in der zweiten Hälfte in vielerlei Hinsicht wie eine direkte Fortsetzung. Zwar handelt es sich nicht um dieselbe Parallelwelt, doch sind die beiden sich sehr ähnlich. Damals gelang Daniel kurz vor der Eroberung des SG-Centers durch Apophis die Rückkehr in seine eigene Realität, diesmal begibt er sich in ein Paralleluniversum, wo die Eroberung gerade abgeschlossen ist.

Einen besonderen Höhepunkt stellt das Wiedersehen mit Apophis und dem ihm in der Parallelwelt treu ergebenen Teal'c dar. O'Neill kann es sich nicht verkneifen, beim Verhör dem Goa'uld unter die Nase zu reiben, dass dieser in seiner Realität bereits tot ist, doch gibt es durchaus Gemeinsamkeiten zwischen den beiden. Als Daniel umständlich wissenschaftlich zu erklären versucht, dass sie aus einer Parallelwelt stammen, verdreht nicht nur O'Neill die Augen. Auch Apophis verliert schon nach wenigen Sätzen die Geduld und wird recht rabiat.

Entsprechend bizarr und erheiternd ist die Vorstellung, dass Jack O'Neill in der Parallelwelt ausgerechnet mit einer Wissenschaftlerin verheiratet war, zumal es sich noch dazu um Dr. Sam Carter handelt. Allerdings verabschiedet er sich vor der Rückkehr in seine eigene Welt mit einem leidenschaftlichen Kuss vor ihr.

Auch die Ereignisse vor der Reise in das Paralleluniversum sind äußerst unterhaltsam, vor allem, wenn beide Sam Carters gemeinsam agieren. Streiten sie anfangs noch miteinander, weil Dr. Carter absolut nicht verstehen kann, wie Major Carter zum Militär gehen konnte, versuchen sie später, sich mit wissenschaftlichem Fach-Chinesisch gegenseitig zu übertrumpfen, was vor allem O'Neill an den Rand eines Nervenzusammenbruchs treibt.

Ihre unterschiedlichen Frisuren sorgen nicht nur dafür, dass man sie jederzeit auseinander halten kann, sie liefern auch genügend Stoff für dauernde Kommentare, die sich als Running-Gag durch die Episode ziehen.

Endlich wird auch einmal geklärt, was das „Kre“, das in der Sprache der Goa'uld ständig verwendet wird, bedeutet. Es heißt frei übersetzt soviel wie „Achtung“, „Hör zu“ oder „Konzentriere dich“. O'Neill übersetzt es in seiner flapsigen Art daraufhin noch freier mit „Huhu“.

Zitate:

Major Carter: „O mein Gott, das ist zu verrückt.“

O'Neill: „Ja, und erst die Frisur.“

(Sam und O'Neill setzen die Prioritäten über die Bedeutung des Gesagten minimal anders, als Sams langhaarige Doppelgängerin aus der Parallelwelt bei ihrer Gefangennahme berichtet, wie ihre Welt von den Goa'uld erobert wurde.)

Dr. Carter: „Hören Sie, ich weiß, es fällt Ihnen schwer, das zu verstehen, aber nach der Quantum-Theorie gibt es für jedes mögliche Universum eine unendliche Anzahl von Variationen, die sich bei jeder Entscheidung auftun. Etwa so wie eine Weggabelung.“

Major Carter: „Sie hat Recht.“

O'Neill: „Ganz schön, sich selbst zuzustimmen, hm?“

Daniel: „Nein, in Wirklichkeit hat Major Carter gerade Doktor Carter zugestimmt, zwei völlig unterschiedliche Persönlichkeiten.“

O'Neill: „Die Nummer mit der Weggabelung.“

Daniel: „So ungefähr.“

O'Neill: „Alles klar. Dann ist es also möglich, dass eine andere Version von mir irgendwo da draußen tatsächlich versteht, was Sie da für einen Blödsinn reden?“

(O'Neill hat geringfügige Probleme, die Existenz von Pararalleluniversen anzuerkennen.)

„Ich glaube, der IQ der ganzen Erde würde steigen, wenn wir zwei Carters hätten."

(O'Neill kommentiert mit seinem gewohnten Sarkasmus die Entscheidung des Präsidenten, Dr. Carter und Major Kawalsky Asyl zu gewähren.)

„Kawalsky, bei Ihrer Spezialausbildung in Ihrer Welt, gab es da auch das Fach ‚Schnauze halten'?"

(O'Neill ist ziemlich genervt, als der Major versucht, ihn über seine Beziehung zu Major Carter auszufragen.)

FOLGE 49: KOPFGELDJÄGER
OT: DEADMAN SWITCH

Drehbuch: *Robert C. Cooper*
Regie: *Martin Wood*

Gaststars:
Aris Bok – Sam J. Jones
Kel'tar/Korra – Mark Holden

Inhalt:

Auf dem Planeten PJ6-877 wird eine Aufklärungssonde unmittelbar nach ihrer Ankunft von einem Goa'uld abgeschossen. SG-1 begibt sich zu Nachforschungen dorthin. Das Team findet die abgestürzte Sonde und ist gleich darauf in einem undurchdringlichen Energiefeld eingeschlossen. Eine gepanzerte Gestalt tritt ihnen entgegen und stellt sich als Aris Bok vor. Er ist ein berüchtigter Kopfgeldjäger, der für die Goa'uld arbeitet, aber selbst keiner ist.

Er nimmt sie gefangen und bringt sie zu seinem Raumschiff, wo er sie einsperrt. Allerdings ist er verwundet und muss versorgt werden. Die Wunde wurde ihm von einem Goa'uld namens Kel'tar zugefügt, den er jagt, weil dieser sich gegen Sokar aufgelehnt hat. Obwohl es purer Zufall ist, dass SG-1 ihm in die Hände gefallen ist, will er sich das lukrative Zusatzhonorar für die vier Mitglieder des Teams nicht entgehen lassen. Allerdings bietet er an, sie laufen zu lassen, wenn sie ihm helfen, Kel'tar zu fangen. Ihnen bleibt keine andere Wahl, zumal es ja „nur" um einen Goa'uld geht. Selbst wenn sie das Schiff in ihre Gewalt brächten, wären sie damit Jahre unterwegs, da das SternenTor von Bok unpassierbar gemacht wurde. Daher stimmt das Team zu. O'Neill und Daniel begleiten ihn, die anderen bleiben im Raumschiff gefangen. Während sie sich auf die Suche nach dem Goa'uld machen, muss Bok des öfteren eine bläuliche Flüssigkeit zu sich nehmen. Sein Plan sieht vor, dass O'Neill und Daniel sich von Kel'tar gefangen nehmen lassen und ihn dann mit einer Waffe ausschalten, die Bok ihnen überlässt. Stattdessen richtet O'Neill die Waffe jedoch direkt gegen Bok und betäubt ihn damit. Die zur Verfügungstellung der Waffe entpuppt sich jedoch als eine Prüfung, darüber hinaus wollte Bok ihnen dadurch vor Augen führen, wie sehr sie ihm ausgeliefert sind.

Auf dem Weg zu der Höhle, in der sich Kel'tar befindet, berichtet Bok, dass er zwar wie ein Mensch aussehe, Angehörige seines Volkes aber nicht von den Goa'uld übernommen werden könnten. Deshalb hätten diese fast sein gesamtes Volk ausgerottet und nur einige wenige als Sklaven genommen. Seine Frau wurde getötet, sein Sohn wird von Sokar gefangen gehalten. Bok hofft, ihn irgendwann auslösen zu können.

O'Neill, Daniel und Teal'c dringen zu der Höhle vor, in der sich Kel'tar hinter mehreren mit Annäherungssensoren ausgestatteten Waffen verschanzt hat. Es gelingt ihnen, die Waffen auszuschalten und Kel'tar mit einer Rauchgranate ins Freie zu treiben. Als sie mit ihm sprechen, erklärt er, dass er kein Goa'uld, sondern ein Tok'ra sei, und er in Wahrheit Korra heiße. Wenn er an Sokar ausgeliefert werde, würde dieser ihn foltern und ihm Geheimnisse entreißen, die viele andere Tok'ra ins Verderben stürzen könnten.

Sam bemüht sich derweil, Bok zu einem Handel zu überreden. Das Wissen, warum sein Volk gegen die Goa'uld immun ist, könnte äußerst wichtig sein. Im Gegenzug für entsprechende Untersuchungen bietet sie an, ihm zu helfen, seinen Sohn zu befreien. Doch Bok lehnt ab, weil ihm die Chancen für einen Erfolg zu gering erscheinen. Plötzlich beginnt seine Hand zu zittern, und er muss wieder von der bläulichen Flüssigkeit trinken.

Korra berichtet, dass Boks Behauptungen über seine Familie erfunden seien. Stattdessen hätten die Goa'uld die wenigen Angehörigen seines Volkes, die sie am Leben ließen, nach der Flüssigkeit süchtig gemacht. Ohne diese Droge müsste er sterben.

Gemeinsam gelingt es ihnen, Bok zu überreden, sich mit ihnen zu verbünden. Die Selbstlosigkeit, mit der sie sich anstelle von Korra als Beute anbieten, beeindruckt ihn, doch befindet sich bereits ein Schlachtschiff Sokars im Orbit. Bok gibt den anderen das Teil, das er aus dem SternenTor ausgebaut hat, dann verlässt er PJ6-877 mit seinem Schiff und Teal'c an Bord. Teal'c appelliert an Boks Hass auf die Goa'uld und erklärt, dass der Kampf gegen sie keineswegs aussichtslos sei.

Um seinen Tod vorzutäuschen, lässt Bok sein Schiff explodieren und rettet sich und Teal'c in Fluchtkapseln. Seine Droge kann er auch von anderen Goa'uld bekommen. Zum Abschied gibt er Sam eine Probe der Flüssigkeit mit, in der Hoffnung, dass es ihr gelingt, sie zu analysieren und künstlich herzustellen.

Bemerkungen:

Viel gibt es über die Episode nicht zu sagen. Da handlungsmäßig nicht viel geschieht, lebt sie hauptsächlich von der Person Aris Bok. Er tritt äußerst prahlerisch auf, doch trotz seiner Arroganz besitzt er einen sarkastischen Humor, der sich durchaus mit dem O'Neills messen kann. Gerade seine Überheblichkeit in den Wortgefechten mit seinen Gefangenen bietet immer wieder Anlass zum Schmunzeln. Erst nach und nach stellt sich heraus, dass er eigentlich ein ziemlich armer Wicht ist.

Er hasst alle Goa'uld, weshalb es ihm keinerlei moralische Bedenken verursacht, wenn er einige von ihnen jagt. Den Unterschied zwischen den Goa'uld und den Tok'ra hält er für Augenwischerei. Erst als Sam ihm von ihren Erfahrungen mit Jolinar berichtet, beginnt er nachdenklich zu werden. Als Korra dann auch versucht, sich selbst zu vergiften, weil er lieber sterben als andere Tok'ra verraten will, und sowohl O'Neill wie auch Teal'c bereit sind, ihre Freiheit für seine einzutauschen, ändert Bok seine Haltung.

Sokar, der in der langfristigen Serienhandlung verstärkt als besonders mächtiger und gefährlicher Goa'uld aufgebaut wird, wird hier wieder erwähnt, taucht aber leider selbst nicht auf.

Sam J. Jones, der Darsteller von Aris Bok, ist Phantastik-Fans kein Unbekannter. Er spielte unter anderem die Titelrolle in „Flash Gordon" (Flash Gordon, USA 1980).

Zitate:

„Na wer sagt's denn, wir sind berühmt!"

(O'Neill ist verblüfft, dass Aris Bok die Namen aller Mitglieder von SG-1 kennt.)

„Du denkst, das wäre einer dieser lächerlichen Schutzschilde, die die Goa'uld benutzen. Die Dinger, die für langsame Objekte durchlässig sind. Mit denen kann man doch heute keinen mehr beeindrucken, oder?"

(Bok prahlt mit seiner überlegenen Technologie, nachdem O'Neill erfolglos ein Messer auf ihn geschleudert hat.)

O'Neill: „Teal'c, wie schnell fliegt so eine Kiste?"

Teal'c: „Ich nehme an: mit zweifacher Lichtgeschwindigkeit."

O'Neill: „Großartig. Abendessen zu Hause."

Sam: „Sir, falls Sie vorhaben, das Schiff zu kapern und damit zur Erde zurückzufliegen – auch bei ungefähr sechshunderttausend Kilometern pro Sekunde würde die Rückreise sicherlich zehn Jahre dauern."

O'Neill: „So lange wollte ich nicht weg sein."
(Nachdem Bok sie allein in seinem Raumschiff eingesperrt hat, erweisen sich O'Neills Hoffnungen als etwas verfrüht.)

Bok: „Captain, du verstehst doch sicher etwas von Erster Hilfe."
Sam: „Tatsächlich bin ich jetzt Major."
Bok: „He, das ist ja bemerkenswert. Ich muss die Galaxis informieren."
(Nicht für jeden ist Sams Beförderung so bedeutsam wie für sie.)

Bok: „Mein Wort gilt auf über zweitausend Planeten."
O'Neill: „Aber es gibt Milliarden."
(O'Neill findet Boks Referenzen, ob man ihm trauen kann, ziemlich relativ.)

FOLGE 50: DÄMONEN
OT: DEMONS

Drehbuch: *Carl Binder*
Regie: *Peter DeLuise*

Gaststars:
Simon – David McNally
Kanonikus – Alan C. Peterson
Mary – Laura Mennell
Unas – John R. Taylor

Inhalt:
SG-1 gelangt auf einer fremden Welt in ein mittelalterliches Dorf, in dem es auch eine Kirche gibt. Anhand von Schriftzeichen und christlichen Symbolen stellt Daniel fest, dass die Zivilisationsstufe etwa der Englands im 13. Jahrhundert entspricht. Bei ihrem Eintreffen fliehen alle Bewohner entsetzt in ihre Häuser.

Auf dem Platz vor der Kirche finden sie eine junge Frau angekettet vor. Als sie zu ihr gehen, tritt ihnen ein junger Mann mit einem Kreuz entgegen und bittet sie, die Frau zu verschonen. Er scheint zu glauben, sie seien gekommen, um sie mitzunehmen.

Es gelingt ihnen, sein Vertrauen zu erlangen. Er stellt sich als Simon vor, die junge Frau ist seine Schwester Mary. Sie ist vom Kanonikus des Ortes, einer Art geistigem und politischem Oberhaupt, als Opfer für einen angeblichen Dämon auserwählt worden. Sie befreien die Frau und heilen ihre angebliche Besessenheit, die sich als eine simple Erkrankung an Windpocken erweist.

Wenig später trifft der vermeintliche Dämon ein, um sein Opfer zu holen. Er entpuppt sich als ein Unas, ein Angehöriger des Volkes, das den Goa'uld vor den

Menschen als Wirte diente. Nachdem SG-1 vorher schon spekuliert hat, dass ein Goa'uld sich hier als christlicher Gott verehren lassen könnte, stellt sich nun heraus, dass das genaue Gegenteil der Fall ist. Der Unas wurde von Sokar geschickt, der schon in der irdischen Mythologie den Teufel verkörperte und die Menschen hier mittels der von ihm geschickten vermeintlichen Dämonen in Angst und Schrecken versetzt.

Als der Unas kein Opfer vorfindet, verlangt er bei Sonnenaufgang zum Ausgleich fünf Opfer zu bekommen. Die Unglücklichen sind als neue Wirtskörper für die Goa'uld gedacht.

Kaum hat der Unas das Dorf verlassen, tritt der Kanonikus SG-1 in Begleitung mehrerer kräftiger Männer entgegen und bezichtigt die Neuankömmlinge, ebenfalls Dämonen zu sein. Es zeigt sich, dass er im Ort uneingeschränkte Macht besitzt, da es ganz in seinem Ermessen liegt, wer als Opfer ausgewählt wird. So kann er jeden, der gegen ihn aufbegehrt, aus dem Weg räumen. Daher hat es bis jetzt niemand gewagt, sich gegen seine Befehle aufzulehnen. O'Neill sagt ihm diesen Missbrauch seiner Position auf den Kopf zu, und es kommt zum Streit. Mit einem Ring – offensichtlich einer Waffe der Goa'uld – lässt der Kanonikus einen Blitz vom Himmel zucken, der das Team betäubt.

Teal'c wird von ihm einer Dämonenprobe unterzogen, wie sie auch auf der Erde zur Zeit der Inquisition üblich war. Mit Gewichten beschwert, wirft man ihn in einen See. Wenn er ein Dämon sei, so wird erklärt, könne er sich durch Zauberei retten, ansonsten würde durch seinen Tod seine Unschuld bewiesen. Zum Entsetzen des übrigen Teams geht Teal'c unter.

Die anderen werden freigelassen und aus dem Dorf verbannt, doch sie versuchen, Simon und Mary zu helfen.

Derweil erwacht Teal'c wieder von den Toten. Sein Symbiont (die Goa'uld waren ursprünglich Wasserbewohner und besitzen deshalb Kiemen) hat ihn mit Sauerstoff versorgt, und Teal'c hat sich in Trance versetzt, damit man nicht bemerkt, dass er noch lebt.

Der Kanonikus sieht dadurch ihre Schuld als erwiesen an und verurteilt sie, dem Dämon geopfert zu werden. Zusammen mit Mary werden sie angekettet. Am nächsten Morgen erscheint der Unas und holt sie ab, doch auf dem Weg zum SternenTor gelingt ihnen die Flucht. Simon kommt ihnen zu Hilfe. Er feuert mehrfach mit Teal'cs Stablanze auf den Unas, doch dieser erweist sich als äußerst zäh.

Auf seiner Flucht läuft der Unas dem Kanonikus in die Arme, den er daraufhin niederschlägt. Als dieser wieder zu sich kommt und auch SG-1 bei ihm eintrifft, finden sie den Unas überraschenderweise tot vor. Der Kanonikus erklärt, der Dämon sei so schwer verwundet gewesen, dass er an seinen Verletzungen gestorben sei.

SG-1 will zur Erde zurückkehren und schärft Simon und dem Kanonikus ein, das SternenTor nach ihrer Abreise zu vergraben, damit sie vor weiteren Heimsuchungen durch Dämonen sicher seien. Dann aber spürt Sam, die als einstiger Wirt des Tok'ra Jolinar dafür besonders sensibilisiert ist, plötzlich erneut die Präsenz des Goa'uld. Der Parasit hat den sterbenden Körper des Unas verlassen und von dem Kanonikus Besitz ergriffen. Erst nachdem sie auch ihn getötet haben, sind die Bewohner des Dorfes gerettet.

Bemerkungen:

Das europäische Mittelalter war tatsächlich eine finstere Zeit, was – wie auch Daniel erklärt – nichts damit zu tun hat, dass es immer dunkel war. Der Glaube wurde von der herrschenden Schicht als Unterdrückungsinstrument benutzt, was sich zur Zeit der Inquisition noch dramatisch verschlimmerte. Auch hier nutzt der Kanonikus seine Position aus, um die Menschen im Dorf zu unterdrücken.

Die bei Teal'c angewandte Prüfung gab es als Hexenprobe wirklich, und sie demonstriert deutlich das menschen verachtende Denken, das während der irdischen Hexenverfolgungen vorherrschte und die Handlungsweise der Menschen bestimmte.

Es gibt ein Wiedersehen mit einem Unas, nachdem sich SG-1 schon in Folge 9 „Im Reich des Donnergottes" mit einem herumschlagen musste. Auch dieser hier erweist sich als äußerst zäh. Angesichts der ungeheuren Regenerationsfähigkeit ihrer Körper fragt man sich, warum die Goa'uld sie eigentlich als Wirte zugunsten der relativ leicht verwundbaren Menschen aufgegeben haben.

Wie schon in der vorigen Folge, wird Sokar auch hier erwähnt, tritt aber bedauerlicherweise abermals nicht selbst in Erscheinung. Es hätte die Episode deutlich über den Durchschnitt heben können, wenn SG-1 tatsächlich von dem Unas zu ihm gebracht worden wäre, doch so weit kommt es nicht.

So plätschert die Episode recht belanglos dahin, ohne dass echte Spannung aufkommt. Selbst Teal'cs vermeintlicher Tod kann nicht wirklich schocken, da der Zuschauer kaum daran zweifelt, dass er überleben wird.

Immerhin gibt es eine ganze Reihe recht witziger Dialoge, wie die nachfolgenden Kostproben belegen.

Zitate:

„Ah, Bäume! Bäume, so weit das Auge reicht! Leben wir nicht in einem wundervollen Universum?"

(O'Neill äußert sich ironisch über die Schönheiten der Natur.)

Sam: „Sieht aus wie eine Kirche."

O'Neill: „Und das bedeutet was?"

Teal'c: „Das bedeutet, hier wohnen Christen, O'Neill."

O'Neill: „Danke, Teal'c."

Sam: „Na ja, es zeigt auch gegen all unsere Erfahrungen, dass wir nicht die einzigen Christen im Universum sind."

Daniel: „Das könnte bedeuten, dass man sie aus dem mittelalterlichen Europa hierher entführt hat."

Teal'c: „Von welchem Goa'uld?"

Daniel: „Eine gute Frage: Die meisten Goa'uld, die wir kennen, haben Menschen der Antike versklavt und sich als Götter ausgegeben, zum Beispiel Ra, Apophis und Hathor aus dem ägyptischen..."

O'Neill: „Ja, ja, das kennen wir alles."

Daniel: „Na ja, wenn diese Menschen schon Christen waren, als man sie entführt hat, dann spielt jetzt irgendein Goa'uld..."

O'Neill: „Gott? So einen richtig lieben Gott? Das ist ein bisschen schwer zu glauben."

Teal'c: „Ich kenne keinen Goa'uld, der in der Lage wäre, Erbarmen zu zeigen wie der Gott in eurer Bibel."

O'Neill: „Du liest die Bibel, Teal'c?"

Teal'c: „Sie ist wesentlicher Bestandteil eurer Kultur. Liest du sie etwa nicht, O'Neill?"

O'Neill: „O doch, doch. Na ja, nicht ganz, den Schluss habe ich mir noch aufgehoben. Verrat mit nicht, wie's ausgeht."

(Eine kurze theologische Diskussion über Gott, die Goa'uld und die Bibel.)

„Es heißt nicht finstere Zeit, weil es immer finster war."

(Daniel stellt klar, dass die Bezeichnung „finsteres Mittelalter" nichts mit der Helligkeit der Sonne zu tun hat.)

O'Neill: „Verdammt! Unas?"

Teal'c: „Das ist korrekt, O'Neill. Der erste Wirt der Goa'uld."

O'Neill: „Nein! Nein, nein, nein, nein, er ist tot. Wir haben ihn getötet."

Teal'c: „Das war nur ein Unas."

O'Neill: „Na ja, genau das meine ich doch. Unas – uno – einer."

Teal'c: „Das ist eine eigene Spezies."

(Auch O'Neill erfährt immer wieder etwas Neues.)

„Sam, wenn ich je wieder den Wunsch habe, irgendwem helfen zu wollen, verlange ich von Ihnen einen kräftigen Tritt."

(O'Neill erkennt, dass man mit Hilfsbereitschaft nicht allzu weit kommt.)

„Major, wenn Daniel nochmal jemandem helfen will, erschießen Sie ihn!"

(O'Neill ergänzt wenig später seinen zuvor an Sam erteilten Auftrag.)

FOLGE 51: REGELN DER KRIEGSFÜHRUNG
OT: RULES OF ENGAGEMENT

Drehbuch: *Terry Curtis Fox*
Regie: *William F. Gereghty*

Gaststars:
Captain Rogers – Aaron Craven
Captain Nelson – Dion Johnstone
Lt. J. Hibbard – Jesse Moss
Dr. Fraiser – Teryl Rothery

Inhalt:
Bei einer Aufklärungsmission auf einer anderen Welt beobachtet SG-1, wie Jaffa ein anderes SG-Team angreifen, obwohl sich keines auf dem Planeten befinden dürfte. Daniel äußert den Verdacht, dass es sich um SG-11 handeln könnte, ein Team, dass seit Monaten als verschollen gilt.

Die menschlichen Soldaten geraten immer mehr in die Defensive. Der Versuch, Funkkontakt mit ihnen aufzunehmen, scheitert. O'Neill beschließt, dass man das andere Team nicht einfach im Stich lassen könne. Ungeachtet der Übermacht der Jaffa greift SG-1 in den Kampf ein, doch statt sich zu freuen, eröffnet das unbekannte Team sofort das Feuer auf sie und schießt sie nieder.

In einem Zelt kommen sie unverletzt wieder zu sich. Obwohl die Waffen ganz normal aussahen, haben sie offenbar nur betäubende Schockimpulse ausgesendet. Ein junger Soldat kommt zu ihnen ins Zelt. Seinem Abzeichen zufolge gehört er zu SG-X, einem Kommando, das es nicht gibt. Als sie ihm Fragen stellen, teilt er ihnen zornig mit, dass sie nicht reden dürften, da sie tot seien.

Als man sie ins Freie bringt, stellen sie fest, dass sie sich in einer Art Trainingscamp der Army befinden. Auffallend ist, dass sämtliche Soldaten noch sehr jung sind. Sam äußert den Verdacht, dass dies ein Geheimprojekt von Colonel Mayborne sein könnte.

Die Wahrheit ist jedoch weitaus erschreckender, wie Teal'c als erster erkennt. Es handelt sich um ein Trainingslager, in dem Rekruten von Apophis ausgebildet werden. Um den Kampf speziell gegen die Menschen von der Erde zu üben, sind sie hier in zwei Gruppen aufgeteilt, von denen die eine als Jaffa, die andere als Angehörige des SG-Projekts fungiert. Nach Abschluss ihrer Ausbildung sollen sie die Erde infiltrieren.

Als echter Jaffa wird Teal'c von Captain Rogers, dem Leiter des Camps, sofort als Befehlshaber anerkannt, zumal Teal'c behauptet, von Apophis geschickt worden zu sein. Die jungen Rekruten wissen noch nichts von dessen Tod und dem Zerfall seines Imperiums.

Teal'c lässt sich von Rogers ein Gerät aushändigen, eine Art Projektor, mit dem man ein überlebensgroßes Hologramm von Apophis erzeugen kann. Dessen aufgezeichnete Stimme verkündet, dass derjenige, der das Gerät einsetzt, in seinem Auftrag handelt. So erkennen auch alle anderen Teal'cs Autorität an. Doch als er berichtet, dass Apophis tot ist, glaubt man ihm nicht. Immerhin sehen die Jaffa diesen als einen Gott an. Teal'c muss erkennen, dass er ihnen die Wahrheit nicht vermitteln kann.

Das Kriegstraining wird fortgesetzt und sogar noch verschärft. Als eine Art Reifeprüfung, die „finale Herausforderung" genannt wird, kämpfen die Rekruten mit echten Waffen gegeneinander, was für viele von ihnen den sicheren Tod bedeuten wird.

Captain Rogers ist der erste Schwerverletzte. SG-1 bringt ihn zur Erde. Dort werden seine Wunden geheilt, doch er ist wütend, dass er getäuscht und ausgerechnet zu seinen Feinden gebracht wurde. Mit einer Videoaufzeichnung des sterbenden Apophis kann man ihn schließlich überzeugen, dass der Goa'uld wirklich tot ist (s. Folge 37 „Der Sturz des Sonnengottes"). Rogers erkennt, dass Apophis ein falscher Gott war, und er ist bereit, mitzuhelfen, die finale Herausforderung zu beenden, um das Leben seiner Kameraden zu retten. Außerdem berichtet er, dass das umfangreiche Wissen über die Erde von dem mittlerweile toten Kommando SG-11 stammt, das Apophis in die Hände fiel.

Gemeinsam mit SG-1 kehrt er in das Camp zurück. Inmitten der ausgebrochenen Kampfhandlungen dringen sie bis zum Holo-Projektor vor. Sam Carter speist die Aufnahme von Apophis' Tod in diesen ein, sodass alle Rekruten sie sehen können. Auch sie erkennen, dass sie von einem falschen Gott getäuscht wurden und kehren nach Hause zurück.

Bemerkungen:

Sonderlich viel gibt es zu dieser Folge nicht zu sagen. Sie zeigt, wie weit Apophis' Pläne zur Eroberung der Erde vor seinem Tod bereits gediehen waren. Sein Vorhaben, sie mit kleineren Teams zu infiltrieren, war offenbar ein Alternativplan zu dem militärischen Großangriff, der letztlich zu seinem Untergang geführt hat.

Der Fanatismus, mit dem die blutjungen Rekruten bereit sind, für ihn zu sterben und auch ihre Kameraden während der finalen Herausforderung zu töten, ist erschreckend, zumal das, was sie tun, mittlerweile völlig sinnlos geworden ist. Aber sie sind felsenfest davon überzeugt, dass Apophis ein Gott ist, und sie betrachten es als eine Ehre, für ihren Gott zu kämpfen und notfalls zu sterben. Eine Einstellung, die auch auf der Erde eine lange Tradition hat und heutzutage vor allem noch in vielen islamischen Staaten vorzufinden ist.

Die Aufgabe von SG-1 besteht diesmal nicht in einer militärischen Konfrontation. Stattdessen müssen sie Überzeugungsarbeit leisten und gegen die von Apophis gelegte ideologische Saat ankämpfen, um zu verhindern, dass die Rekruten sich gegenseitig umbringen.

Wie ihnen dies gelingt, ist allerdings äußerst unbefriedigend. Es genügt Captain Rogers und später den anderen Rekruten eine simple Video-Aufzeichnung vom Tod ihres Gottes zu zeigen, und schon sind alle bekehrt. Der Gedanke, dass es sich um eine Fälschung handeln könnte, scheint ihnen nicht einmal zu kommen, dabei dürfte eine entsprechende Manipulation gerade mit der überlegenen Technik der Goa'uld ein absolutes Kinderspiel sein. So wirkt ihr Verhalten äußerst unglaubwürdig.

Zitate:

Rekrut: „Ihr dürft nicht reden."

O'Neill: „Wieso nicht?"

Rekrut: „Weil ihr tot seid."

O'Neill: „Tot?"

Rekrut: „Na, ist doch klar. Wenn ihr so tut, als wärt ihr es nicht, bekommt ihr noch mehr Ärger."

O'Neill: „Noch mehr Ärger als tot?"

(O'Neill ist über die sonderbare Begrüßung ziemlich verwundert.)

Rogers: „Sie sind alle bis vierzehnhundert Gefallene."

O'Neill: „Meinen Sie die Sommer- oder die Normalzeit?" (O'Neill kann seinem Tod durchaus humorvolle Seiten abgewinnen.)

„Tut mir leid, Master Jaffa. Ich habe unsere Sache verraten und versagt. Ihr müsst mich für den Rest des Tages hinrichten."

(Captain Rogers erkennt, dass er es nicht mit neuen Rekruten, sondern einem echten Jaffa zu tun hat.)

„Nur ein gigantischer quäkender Apophis, Major. Kein Grund zur Aufregung."

(O'Neill zu Sam, als diese sich beim Anblick des Hologramms von Apophis erschreckt.)

„Das ist Colonel O'Neill. Einer der besten Kämpfer von Apophis."

(Teal'c lügt, dass sich die Balken biegen. Oder hat er nur die Wörter von und gegen verwechselt?)

„Apophis lässt euch ausrichten, dass er froh ist, euch in seinen Reihen zu haben. Er ist stolz auf euch. Weiter so. Aber er wollte auch, dass ich euch sage, dass die ganze Idee mit der Invasion auf der Erde abgesagt wurde, wegen – Regen."

(O'Neill bringt überzeugende Begründungen für das Ende der Kriegsspiele.)

Rogers: „Mein Gebieter?"

O'Neill: „Normalerweise nennen wir ihn General Hammond."

(Rogers ist äußerst verwundert, als er auf der Erde eintrifft.)

Hammond: „Dürfte ich erfahren, was passiert ist, Colonel?"

O'Neill: „Ja, mein Gebieter."

(O'Neill gefällt Rogers' Bezeichnung für den General.)

O'Neill: „Doc Fraiser hat gesagt, dass Sie nichts futtern wollen."

Rogers: „Das ist Gift."

O'Neill: „Krankenhausfutter ist immer Gift."
(Was wahr ist, ist wahr.)

Rogers: „Geh zu Sokar!"
O'Neill: „Das heißt eigentlich: Geh zur Hölle, und es ist übrigens äußerst unhöflich, das zu einem Menschen zu sagen, der Ihnen ein Sandwich anbietet."
Rogers: „Das ändert nichts an der Tatsache."
O'Neill: „Da ist etwas dran."
Rogers: „Ich werde jedenfalls nichts sagen. Sie können anfangen, mich zu foltern."
O'Neill: „Oh, ich habe bereits angefangen. Das ist die berühmte Thunfisch-Folter."
(Als Rogers sich weigert, in der Krankenstation etwas zu essen, verspeist O'Neill genüsslich ein Thunfisch-Sandwich vor seinen Augen.)

FOLGE 52: SHA'RES TOD
OT: FOREVER IN A DAY

Drehbuch: *Jonathan Glassner*
Regie: *Peter DeLuise*

Gaststars:
Sha'uri – Vaitaire Bandera
Kasuf – Erick Avari
Dr. Fraiser – Teryl Rothery
Robert Rothman – Jason Schombing

Inhalt:
Zusammen mit einem Trupp Elitesoldaten gelingt es SG-1, einige entführte Abydonier aus der Hand von Jaffa zu befreien. Unter ihnen befindet sich auch Kasuf, Daniels Schwiegervater. Er erklärt Daniel, die Jaffa stünden unter dem Kommando von Amaunet, der Gefährtin von Apophis, die schon seit langer Zeit im Körper von Daniels Frau Sha'uri lebt. Kasuf teilt Daniel mit, sie habe ihren mit Apophis gezeugten Sohn geholt, der in der Obhut der Abydonier zurückblieb (s. Folge 29 „Sha're's Rückkehr").

Während ein erbitterter Kampf gegen die Jaffa entbrennt, sieht Daniel, wie Sha'uri in einem Zelt verschwindet. Zusammen mit Teal'c tötet er zwei ihrer Wachen und folgt ihr in das Zelt. Er beschwört Sha'uri, sich gegen Amaunet aufzulehnen. Doch die Goa'uld in ihr ist zu stark und greift ihn daraufhin mit ihrem goldenen Handmodul an. Um ihn zu retten, bleibt Teal'c keine andere Möglichkeit, als Amaunet – und damit auch Sha'uri – mit seiner Stablanze zu töten.

Als Daniel im StarGate-Center wieder zu sich kommt und davon erfährt, hält er die Nachricht zunächst für nicht besonders tragisch. Er geht davon aus, dass sie durch einen

Sarkophag wieder ins Leben zurückgeholt werden könne. Erst als man ihm Sha'uris Leichnam zeigt, begreift er, dass ihr Tod endgültig ist. Er macht den anderen bittere Vorwürfe, dass man ihren Leichnam nicht zurückgelassen hat, doch O'Neill berichtet ihm, dass alle Jaffa bei dem Kampf getötet wurden, sodass niemand ihr mehr hätte helfen können.

Als Daniel das nächste Mal aufwacht, sitzt Sha'uri an seinem Bett. Er begreift nicht, wie das möglich ist, bis man ihm erklärt, dass man ihren Leichnam zu den Tok'ra gebracht habe, die sie mit einem von den Goa'uld erbeuteten Sarkophag gerettet und Amaunet aus ihrem Körper entfernt hätten. Sha'uri will ihm von ihrem Sohn erzählen, doch ehe sie dazu kommt, wird sie von einem goldenen Licht verschlungen. Daniel wacht auf und muss erkennen, dass er nur geträumt hat.

Überwältigt von Trauer und Bitterkeit reicht Daniel seinen Abschied vom SG-Projekt ein. Erfolglos versucht General Hammond ihn umzustimmen. Daniel erklärt, er habe hauptsächlich deshalb an dem Projekt mitgearbeitet, um seine Frau zu finden und zu retten. Nun sei sein Einsatz beendet. Auch O'Neill und Sam können ihn nicht von seinem Entschluss abbringen, und Teal'c vermag er nicht zu verzeihen.

Während der ersten Nacht in seiner Privatwohnung träumt er erneut, dass sich Sha'uri bei ihm befinden würde. Sie versucht ebenfalls, ihn zu überreden, seine Reisen durch das SternenTor fortzusetzen, weil er den Jungen finden müsse. Zunächst aber müsse er Teal'c verzeihen, denn dieser hätte richtig gehandelt.

Am nächsten Tag findet nach abydonischen Bräuchen ihre Beisetzung auf Abydos statt, an der er teilnimmt. Anschließend spricht Kasuf mit ihm und macht ihm Vorwürfe, dass er Sha'uri immer noch nicht erhört habe, denn was sie zu sagen habe, sei äußerst wichtig. Sha'uri gesellt sich zu ihnen und bittet Daniel noch einmal, Teal'c seine Tat zu verzeihen und sich auf die Suche nach dem Jungen zu machen. Dieser ist ein Harsesis, das Kind zweier Goa'uld-Wirte, weshalb es das gesamte Wissen der Goa'uld besitzt.

Doch auch die Beerdigung entpuppt sich nur als Traum. Nach seinem Erwachen ruft Daniel sofort Sam Carter an und bittet sie um ein Treffen. Als er dabei auf Teal'c trifft, überwindet er sich und verzeiht ihm. Anschließend erkundigt er sich bei Sam, ob es möglich sei, mittels des Goa'uld-Handmoduls auch eine unterschwellige Botschaft zu übermitteln. Sam räumt ein, das dies ginge. Daniel ist davon überzeugt, dass seine Träume darauf zurückzuführen sind, dass Sha'uri ihm unmittelbar vor ihrem Tod eine solche Botschaft zukommen ließ.

Er spricht mit Teal'c und lässt sich von ihm bestätigen, dass ein Harsesis tatsächlich das gesamte Goa'uld-Wissen besitzt, weshalb es streng verboten sei, ein solches Kind zu zeugen. Wenn es dennoch geschähe, würde dieses Kind von den Goa'uld erbarmungslos gejagt.

Daniel entschließt sich, zu SG-1 zurückzukehren. Bei der nächsten Expedition sondert er sich jedoch von den anderen ab und reist durch das SternenTor zu dem Planeten zurück, auf dem Sha'uri starb. Als er das Zelt betritt, erlebt er eine weitere Vision. Sha'uri teilt ihm mit, dass Amaunet das Kind an einen Ort namens Kheb gebracht habe, wo sich einst schon Osiris vor Seth versteckte. Daniel wendet ein, dass dieser Ort nur ein Mythos sei, doch Sha'uri behauptet, dass es ihn wirklich gäbe.

Im nächsten Moment schließt sich der Kreis. Daniel befindet sich wieder im Kampf mit Amaunet, die ihn mit ihrem Handmodul zu töten versucht, dabei jedoch von Teal'c erschossen wird. Alles, was in der Zwischenzeit geschah, also fast die gesamte Episode, war nur eine einzige

Vision. Wie Daniel innerhalb dieser bereits im Gespräch mit Sam vermutet hat, hat Sha'uri unbemerkt von Amaunet unmittelbar vor ihrem Tod deren Handmodul mitbenutzt. Auf diesem Weg wollte sie zum einen Daniel dazu bringen, dass er Teal'c verzeiht, zum zweiten wollte sie ihm Informationen über das Kind zukommen lassen. Als sie wirklich stirbt, kann Daniel ihren Tod gefasst hinnehmen.

Bemerkungen:

Ein Traum in einem Traum...

Das Spiel mit den verschiedenen Realitätsebenen mag sich kompliziert anhören und ist anfangs auch recht verwirrend, weil der Zuschauer lange Zeit nicht weiß, was es damit auf sich hat. Man ist ebenso verblüfft wie Daniel, als dieser nach seinem zweiten Erwachen plötzlich Sha'uri an seinem Bett sitzen sieht und von ihrer Rettung erfährt, und ebenso wie er hofft man auch, dass dem wirklich so wäre, um dann allerdings enttäuscht zu werden. Aber es wird schnell deutlich, dass es sich um mehr als bloße Träume handelt, weil Daniel darin konkrete Informationen erhält.

Die Handlung ist intelligent und faszinierend, weil man nie voraussehen kann, was als nächstes geschieht. Man ist stets unsicher, was Traum und was Realität ist. Dass sich das gesamte Geschehen am Ende als eine einzige Vision erweist, mag zunächst wie ein billiger Kunstgriff wirken, doch erst dadurch fügen sich alle einzelnen Mosaiksteinchen zu einem kompletten Bild zusammen.

Sha'uris Tod ist bedauerlich, denn die Suche nach ihr und ihrem ebenfalls von einem Goa'uld besessenen Bruder Skaara bildete innerhalb der Serie eine starke Motivation nicht nur für Daniel, sondern für das gesamte Team von SG-1. Schon im der Serie zugrunde liegenden Kinofilm waren beide sehr sympathisch eingeführt worden.

Besonders beeindruckend ist die Kampfszene gegen die Jaffa am Anfang der Episode, weil man solche epischen Massenszenen in der Serie eher selten zu sehen bekommt.

Die Goa'uld verfügen über ein in ihren Genen verankertes Gedächtnis. Wenn auch ein von zwei Wirten gezeugtes Kind alle Geheimnisse der Goa'uld kennt, so eröffnen sich damit bedeutsame Perspektiven, denn ein solches Kind wäre rein menschlich und könnte dieses Wissen weitergeben, was ein Goa'uld nie tun würde. Dieser Handlungsfaden wird in Folge 62 „Harsesis Rettung" wieder aufgegriffen.

Wie schon im ersten Band des Episodenführers erwähnt, gibt es zwei Schreibweisen für den Namen von Daniels Frau. Im Kinofilm hieß sie Sha'uri, in der Serie wird sie Sha're geschrieben. Auch in diesem Band wird die ältere Schreibweise beibehalten.

Zitate:

O'Neill: „He, Sie sollten mal den Spinner sehen, der für Sie die Urlaubsvertretung macht."

Daniel: „Robert Rothman. Er war mein Forschungsassistent, ich habe ihm viel zu verdanken. Ziemlich kluger Junge. Er hatte einen guten Lehrer."

O'Neill: „Idiot."

Daniel: „Ja, dafür haben Sie mich auch gehalten."

O'Neill: „Von Ihnen spreche ich ja auch. Also, wie lange müssen wir diesen Trottel ertragen?"

(O'Neill und Daniel sind leicht unterschiedlicher Meinung über Daniels Nachfolger.)

O'Neill: „Ich gebe Ihnen eine Woche. Dann vermissen Sie mich."

Daniel: „Ja, all die sonderbaren Temperamentsschwankungen, all die unlogischen Argumente..."

(O'Neill versucht Daniel zu überreden, beim SG-Projekt zu bleiben.)

Daniel: „Wie gefällt es Ihnen, Robert?"

Rothman: „Oh, na ja, ich glaube, die hätten lieber Sie zurück. Vor allem Colonel O'Neill."

Daniel: „Lassen Sie sich von Jack nicht nerven, er ist nur neidisch auf Sie, weil Sie wesentlich klüger sind als er."

(Daniel leistet seinem Nachfolger nach dessen erster Mission etwas seelischen Beistand.)

Daniel: „Wie sind Sie hereingekommen?"

O'Neill: „Das Warten vor der Tür war zu langweilig, da dachte ich... Sie, ähm, brauchen übrigens ein neues Schloss."

(Daniel findet O'Neill und Kasuf als uneingeladene Gäste bei der Rückkehr in seine Wohnung vor.)

„Daniel Jackson, es erfüllt mich mit großer Freude, dass du wieder meinen Rat suchst."

(Teal'c in einem seiner glücklicheren Momente.)

FOLGE 53: VERGANGENHEIT UND GEGENWART OT: PAST & PRESENT

Drehbuch: *Tor Alexander Valenza*
Regie: *William F. Gereghty*

Gaststars:
Ke'ra – Megan Leitch
Orner – Jason Gray-Stanford
Mayris – Marya Delver
Dr. Fraiser – Teryl Rothery

Inhalt:

Nach einer Reise durch das SternenTor kommt SG-1 auf dem Planeten Vius in einem alten Lagerhaus voller Gerümpel heraus. Ein Mann und eine Frau namens Orner und Mayris betreten das Lager und sind ziemlich überrascht, die Ankömmlinge zu treffen. Noch überraschter sind sie, als sie erfahren, dass diese sich an lange zurückliegende Ereignisse erinnern.

Es stellt sich heraus, dass die gesamte Bevölkerung des Planeten, die sich entwicklungsmäßig etwa auf der Stufe der Industrienationen Mitte des zwanzigsten Jahrhunderts befindet, durch ein rund ein Jahr zurückliegendes Ereignis, das als „Vorlix“ bezeichnet wird, das Gedächtnis verloren hat. Niemand weiß, wie es dazu kam. Eines Morgens wachten die Vianer auf und konnten sich an nichts mehr erinnern. Auch sind seither alle alten Leute und alle Kinder verschwunden. Nur noch Fotos der Alten künden davon, dass es sie überhaupt gab, von Kindern gibt es nicht einmal Bilder.

Man bringt sie zu Ke'ra, die die Übergangsregierung leitet und außerdem Ministerin für Gesundheit und

Wissenschaft ist. Daniel findet auf Anhieb Gefallen an der hübschen jungen Ärztin, was auf Gegenseitigkeit zu beruhen scheint.

In den Aufzeichnungen eines Wissenschaftlers wird eine Besucherin erwähnt, die durch das SternenTor von einem anderen Planeten kam, eine Art Apothekerin. Allerdings geht man davon aus, dass sie tot ist, denn nach dem Vorlix fand man in den Trümmern eines eingestürzten Hauses die Leiche eines älteren Mannes und einer älteren Frau, den Beschreibungen zufolge vermutlich der Wissenschaftler und die Besucherin. Auch der Name der Besucherin wird erwähnt – Linea. Verständlicherweise ist SG-1 davon ziemlich geschockt, hat man vor einiger Zeit doch selbst die Bekanntschaft Lineas gemacht (s. Folge 23 „Zerstörerin der Welten"). Damals wurde das Team auf einen Gefängnisplaneten verbannt und floh zusammen mit Linea von dort. Erst zu spät erfuhr man, dass ihre Passion die Erschaffung von Seuchen ist und sie verurteilt wurde, weil die halbe Bevölkerung eines Planeten an einer ihrer Krankheiten zugrunde ging. Mit unbekanntem Ziel entkam Linea durch das SternenTor. Nun weiß man, wohin sie sich wandte. Die Vermutung liegt nahe, dass sie auch für das Vorlix verantwortlich ist.

Ke'ra, Orner und Mayris werden zur Erde gebracht, damit Dr. Fraiser Untersuchungen an ihnen durchführen kann, um die Ursache der Amnesie zu ergründen. Sie findet heraus, dass das Langzeitgedächtnis weiterhin intakt ist und lediglich durch eine chemische Substanz blockiert wurde. Die Bekanntschaft zwischen Daniel und Ke'ra wird immer intensiver. Obwohl er sich aufgrund des noch nicht lange zurückliegenden Todes von Sha'uri dagegen sträubt, verlieben sie sich ineinander.

Aus Lineas Tagebuch, das Sam entdeckt, geht hervor, dass sie eine Beziehung zwischen einem von den Vianer verwendeten Pestizit und einer Verlangsamung des Alterungsprozesses entdeckt hat. Das Pestizit wurde allerdings schon lange nicht mehr eingesetzt, da es Auswirkungen auf die Fruchtbarkeit hatte. Deshalb gibt es auf Vius auch keine Kinder. Linea führte mit dem Pestizit Experimente durch, um ihre Jugend zurückzugewinnen. Aber offenbar geriet das Experiment außer Kontrolle und gelang zu gut. Die älteren Menschen sind nicht verschwunden, sondern die gesamte Bevölkerung wurde verjüngt. Die Amnesie war eine nicht vorhergesehene Nebenwirkung. Sam äußert den Verdacht, dass Linea nicht tot sondern mit Ke'ra identisch ist. Genetische Tests lassen diese Vermutung zur Gewißheit werden, auch wenn dies Daniel verständlicherweise gar nicht gefällt.

Sein einziger Trost ist, dass auch Linea ihr Gedächtnis – und damit ihre frühere Persönlichkeit – verloren hat. Er argumentiert, dass sie nun eine andere Person und nicht mehr die pathologische Massenmörderin sei. Da sie selbst nicht weiß, wer sie einmal war, versteht sie nicht, warum Daniel sich ihr gegenüber mit einem Mal deutlich kühler verhält.

Die Forschungen von Sam und Dr. Fraiser geraten in eine Sackgasse. Die einzige, die ihnen helfen kann, ein Mittel gegen die Amnesie zu entwickeln, ist Ke'ra, die sich innerhalb des einen Jahres, das seit dem Vorlix vergangen ist, wieder zu einer brillanten Wissenschaftlerin entwickelt hat. Schweren Herzens stimmen O'Neill und General Hammond zu, ordnen aber strenge Sicherheitsvorkehrungen an.

Gemeinsam entwickeln Sam, Dr. Fraiser und Ke'ra ein Medikament und testen es an Orner, doch statt der erhofften Wirkung tötet es ihn beinahe. Ke'ra begreift immer weniger, warum man ihr plötzlich mit solchem Misstrauen begegnet, bis Daniel ihr die Wahrheit sagt. Sie ist selbst entsetzt, als sie erfährt, dass sie einst die berüchtigte Linea war. Die einzige Konsequenz daraus, so beschließt sie, kann für sie nur sein, dass sie nie das Gegenmittel bekommen darf, um nicht wieder ihre alte Persönlichkeit anzunehmen.

Der nächste Test mit einer veränderten Version des Medikaments verläuft erfolgreich. Orner kann sich wieder an alles erinnern. Auf diese Art erhalten alle Vianer ihr Gedächtnis zurück, nur Ke'ra nicht. Heimlich bringt sie jedoch eine Probe des Mittels an sich und nimmt es ein.

Aufgrund einer Formulierung, die auch schon Linea beim Abschied verwendete, erkennt Daniel, was geschehen ist. Dennoch hat sie sich durch die Erfahrungen, die sie als Ke'ra gemacht hat, verändert. Sie ist zwischen zwei verschiedenen Persönlichkeiten hin und her gerissen. Um zu verhindern, dass Linea wieder die Oberhand gewinnt, will sie sich mit einem Giftgas töten. Da sie Daniel dabei jedoch nicht zu Schaden kommen lassen will, bittet sie ihn, den Raum zu verlassen. Doch Daniel weigert sich.

Stattdessen zeigt er ihr eine Alternative auf. Mit ihrer Hilfe erzeugen sie das Mittel neu, das das Vorlix verursachte. So verliert sie erneut ihr Gedächtnis, diesmal allerdings ohne die verjüngende Wirkung. Ohne dass man ihr sagt, was geschehen ist und wer sie einmal war, kehrt sie mit den Vianern nach Vius zurück.

Bemerkungen:

Den bedauernswerten Daniel Jackson trifft es wirklich knochenhart. Zuerst wird seine Frau Sha'uri Wirtin für eine Goa'uld, und seine Hoffnungen, sie eines Tages retten zu können, werden zunichte gemacht, als Teal'c sie in der vorangegangenen Episode tötet. Schließlich verliebt er sich neu und muss kurz darauf feststellen, dass seine Auserwählte ausgerechnet die berüchtigteste Massenmörderin des bekannten Universums ist. Armer Kerl. Es gibt Drehbuchautoren, die einfach kein Erbarmen kennen.

Die Episode ist wenig spektakulär, funktioniert aber auf emotionaler Ebene ziemlich gut, da der Zuschauer Daniels Gefühle gut nachempfinden kann.

Zudem weist sie einige Überraschungen auf. Da wäre zum einen die Entdeckung, dass sich Linea vor dem Vorlix auf Vius aufhielt, dann die Erkenntnis, dass sie mit Ke'ra identisch ist, und schließlich ihre unerwartete Einnahme des Gegenmittels.

Schon ab der Hälfte, als Daniel argumentiert, dass Ke'ra eine andere Person sei als Linea, scheint die Lösung des Problems vorgezeichnet zu sein. Sie darf einfach ihr Gedächtnis nicht zurückerlangen und wieder zu Linea werden, dann bleibt sie für immer die liebenswerte Ke'ra.

Diese Lösung wäre jedoch ziemlich einfach und zudem unbefriedigend gewesen. Es hätte stets die Gefahr bestanden, dass sie nach ihrer Rückkehr nach Vius irgendwann selbst in einem Moment der Schwäche das Gegenmittel hergestellt und eingenommen hätte, nachdem sie weiß, wer sie früher einmal war. Genau das tut sie ja auch, allerdings schon auf der Erde, um die Wahrheit über ihre frühere Existenz selbst herauszufinden, was eine ziemlich dramatische Wendung ist.

Die erneute Löschung ihres Gedächtnisses hingegen ist völlig folgerichtig. Anders als zuvor weiß sie jetzt nicht, wer sie einmal war und dass ihre Amnesie künstlich herbeigeführt wurde.

Die Schauspielerin Megan Leitch schafft es, die Rückverwandlung von Ke'ra in Linea überzeugend darzustellen. Ihre Mimik verändert sich so, dass man das Gefühl hat, es wirklich mit einer ganz anderen Person zu tun zu haben.

Ein Handlungsstrang hingegen ist ganz und gar nicht überzeugend. Linea hat ihr Gedächtnis und damit auch all ihre wissenschaftlichen Kenntnisse verloren. Alles, was sie jetzt weiß, musste sie sich innerhalb nur eines Jahres neu aneignen. Da ist es nicht gerade logisch, dass Sam und Dr. Fraiser unbedingt ihre Hilfe bei ihren Forschungen benötigen, zumal die Wissenschaft der Vianer der irdischen ohnehin hinterherhinkt. Als Sam dann auch noch bewundernd feststellt, dass Ke'ra ihnen weit voraus sei, wird die Grenze der Glaubwürdigkeit vollends überschritten, selbst wenn Linea eine Naturbegabung auf dem Gebiet der Medizin gewesen sein mag.

Zitate:

Orner: „Wer gibt dir einen Namen wie Teal'c?"

Teal'c: „Den verdanke ich meinem Vater. Er bedeutet Stärke."

Mayris: „Du erinnerst dich an deinen Vater?"

Teal'c: „Solange ich lebe und atme."

(Teal'cs Name klingt in der Tat ungewöhnlich, aber wie heißt es schon in der Bibel: Du sollst Vater und Mutter ehren.)

Daniel: „Ich bin ein Doktor der Archäologie. Ich studiere die Vergangenheit."

Ke'ra: „Dann bist du bei uns höchst willkommen."

(Wenn ein ganzes Volk seine Erinnerung verloren hat, kann man einen Altertumsforscher gut gebrauchen.)

„Hast du Hunger? Ich... ich könnte uns etwas Leckeres bringen lassen. Also, du hast Hunger, ich habe Hunger, ich lasse uns was bringen. Du willst doch auch etwas?"

(Obwohl er schon mal verheiratet war, macht die Gegenwart Ke'ras Daniel so nervös, dass er wie ein Pennäler zu stottern beginnt).

FOLGE 54: JOLINARS ERINNERUNGEN
OT: JOLINAR'S MEMORIES

Drehbuch: *Sonny Wareham & Daniel Stashower*
Regie: *Peter DeLuise*

Gaststars:
Apophis – Peter Williams
Martouf – J.R. Bourne
Jakob Carter – Carmen Argenziano
Bynarr – Bob Dawson
Sokar – Peter H. Kent

Inhalt:

Der Tok'ra Martouf kommt mit zwei Begleitern durch das SternenTor zur Erde und berichtet Sam, dass ihr Vater Jakob Carter alias Selmak in die Hände von Sokar gefallen sei. Da Sokar in der irdischen Mythologie die Rolle des Teufels verkörpert, ist Jakob Carter also im wahrsten Sinne des Wortes in die Hölle verschleppt worden. Es handelt sich um den Mond Netu, der Sokars Heimatwelt Dalmak umkreist, und der durchaus mit dem Fegefeuer vergleichbar ist.

Doch Martouf überbringt Sam nicht nur die schlimme Nachricht, sondern erhofft sich von ihr auch Hilfe. Angeblich ist noch niemandem die Flucht von Netu gelungen – mit Ausnahme von Jolinar, der Tok'ra, für die Sam eine Weile als Wirt gedient hat. In Sams Unterbewusstsein befinden sich noch Jolinars Erinnerungen, und nur mit dem Wissen, auf welchem Weg sie fliehen konnte, besitzt eine Rettungsaktion eine kleine Chance auf Erfolg. Die Tok'ra verfügen über Geräte, mit denen sie verschollene Erinnerungen wachrufen können.

Es geht dabei nicht nur um den Versuch, Selmak zu befreien. Die Tok'ra besitzen Hinweise, dass Sokar plant, die Systemlords mit einem militärischen Großangriff auszuschalten und sich selbst an die Spitze der Goa'uld zu setzen, womit schreckliche Zeiten für die Galaxis beginnen würden.

Da es auf Netu kein SternenTor gibt, reist SG-1 zusammen mit Martouf in dem Frachtschiff dorthin, mit dem Jolinar aus ihrer Gefangenschaft zurückkehrte. Unterwegs pflanzt Martouf Sam ein Gerät zur Verstärkung von Erinnerungen ein, wie es auch schon Hathor (s. Folge 42 „Die Höhle des Löwen, Teil 1") verwendete. Allerdings lassen sich damit keine gezielten Erinnerungen wachrufen. So durchlebt Sam verschiedene Phasen ihrer Vergangenheit noch einmal, beispielsweise, wie ihr Vater ihr als Kind vom Tod ihrer Mutter berichtete.

Martouf versucht, ihre Erinnerungen zu steuern, indem er ihr von gemeinsamen Erlebnissen mit Jolinar erzählt. Sam wusste bereits, dass die beiden früher ein Liebespaar waren. Es gelingt ihr tatsächlich, Erinnerungen an Jolinars Zeit auf Netu wachzurufen, doch beinhalten diese auch Szenen, in denen die Tok'ra von Sokar grausam gefoltert wurde. In einer weiteren Erinnerung sieht sie einen weiteren Goa'uld, einen kahlköpfigen Mann, der mit Jolinars Flucht zu tun gehabt haben muss. Doch die Tok'ra schein nicht gewollt zu haben, dass Martouf davon erfährt, und hat deshalb über ihre Flucht geschwiegen.

Während Teal'c das Schiff in der Umlaufbahn um Netu hält, lassen die anderen sich mit Landekapseln auf die Oberfläche des Mondes hinabschießen. Sie dringen in die unterirdischen Katakomben ein, in denen Sokars Gefangene unter unmenschlichen Bedingungen hausen und Erz für seine Kriegsmaschinerie abbauen.

Sam erinnert sich, dass der kahlköpfige Goa'uld Bynarr hieß, und zu ihrem Schrecken erkennt sie auch, dass Jolinar mit ihm geschlafen hat. Diesen Umstand hatte sie vor

Martouf verheimlichen wollen. Sam ist sicher, dass Bynarr mit Jolinars Flucht zu tun hatte und verlangt, Bynarr zu sehen. Stattdessen jedoch tritt ihnen ein maskierter Mann entgegen, der ihnen als Nao'nak, erster Primus von Sokar auf Netu vorgestellt wird. Als solcher darf er als einziger Gefangener eine Stablanze besitzen. Er befielt, dass man sie zum Sterben an die Oberfläche zurückbringen solle. Ein Kampf entbrennt, als plötzlich Bynarr auftaucht und O'Neill mit einem goldenen Handmodul der Goa'uld zu Boden streckt. Als Sam behauptet, dass sie die Wirtin von Jolinar sei, befiehlt Bynarr die Ankömmlinge zu entwaffnen und ins Verlies zu werfen. Er untersteht Sokar direkt und hat noch größere Befehlsgewalt als Nao'nak. Anders als in Sams Erinnerung ist sein Gesicht entstellt, ein Auge wurde ihm herausgerissen.

Im Verlies treffen sie Sams Vater wieder, der von den Torturen stark geschwächt ist. Er wird sterben, wenn sie ihn nicht bald wegbringen. Er berichtet ihnen, dass Sokar wirklich einen vernichtenden Schlag gegen die Systemlords plane. Seine Flotte sei noch weitaus größer als bisher angenommen und schon in wenigen Tagen einsatzbereit. Per Funk geben sie diese Nachricht an Teal'c weiter.

Bynarr reist mit einem Ring-Transportsystem nach Dalmak, Sokars Heimatplanet, um den der Mond kreist, um sich bei seinem Herrn dafür zu bedanken, dass dieser ihm Jolinar zurückgeschickt hat, damit er sich an ihr rächen kann. Verständlicherweise ist Sokar davon ziemlich überrascht. Er weiß nun, dass Eindringlinge nach Netu gelangt sind und befiehlt Bynarr, herauszufinden, was sie wollen, um sie dann zu töten. Außerdem lässt er nach dem Schiff suchen, mit dem sie gekommen sind.

Nao'nak holt Sam aus dem Verlies und bringt sie in Bynarrs Quartier. Dieser ist enttäuscht, als er feststellen muss, dass sich Jolinar nicht mehr in dem Wirtskörper befindet, und erfährt, dass sie bereits tot ist. Einst hatte er sich in Jolinar verliebt. Sie schlief mit ihm und nutzte die Gelegenheit, sich mit der in seinem Quartier verborgenen Transportvorrichtung an Bord des Frachtschiffes zu versetzen, mit dem sie dann floh. Daraufhin hatte Sokar ihm das Auge zerstören lassen.

Bynarr will Sam mit seinem Handmodul töten, doch bevor es dazu kommt, erscheint plötzlich Nao'nak und erschießt ihn mit seiner Stablanze. Ohne ein Wort der Erklärung bringt er Sam zu den anderen zurück ins Verlies, wo sie ihnen von dem Transportsystem erzählt.

Sie nehmen Kontakt mit Teal'c auf, doch das Transportschiff wird von Todesgleitern angegriffen, sodass er fliehen muss. Daraufhin brechen die anderen aus dem Verlies aus. Sie dringen bis in Bynarrs Quartier vor, doch ehe sie das Transportsystem aktivieren können, bricht Nao'nak mit seiner Stablanze die Tür auf. Er erklärt, dass er von nun an wieder seinen richtigen Namen tragen würde, und nimmt seine Maske ab. Darunter kommt das von Folterqualen grässlich entstellte Gesicht des für tot gehaltenen Apophis' zum Vorschein.

Bemerkungen:

Der Zweiteiler, dessen ersten Teil „Jolinars Erinnerung“ bildet, stellt einen weiteren großen Höhepunkt der Serie dar. Endlich tritt Sokar persönlich in Erscheinung, SG-1 dringt sogar bis ins Zentrum seines Machtbereiches vor, um Selmak zu befreien, der von ihm gefangen genommen worden ist. Zwar spielt Sokar in dieser Episode nur in zwei kurzen Szenen mit, doch schon jetzt lässt sich feststellen, dass die lang gehegten, hohen Erwartungen, die mit seinem Auftauchen verknüpft waren, nicht enttäuscht wurden. Bereits sein Erscheinungsbild ist fremdartig und bizarr, wirkt äußerst bedrohlich. Er trägt eine Kutte mit einer hochgeschlagenen Kapuze, unter der nur sein Gesicht zu sehen ist, doch dieses wirkt kaum menschlich. Das ist ein Problem bei den anderen Goa'uld: aufgrund ihrer menschlichen Wirtskörper wirken sie nicht sonderlich bedrohlich. Speziell Ra und Apophis sind sogar recht gut aussehend, von der wunderschönen Hathor ganz zu schweigen. Sokar hingegen nimmt man schon auf den ersten Blick jede ihm nachgesagte Grausamkeit und Bösartigkeit ab.

Obwohl er in der irdischen Mythologie als Teufel bekannt ist, hat man jedoch glücklicherweise darauf verzichtet, ihn mit Hörnern und Bockshuf darzustellen. Netu hingegen kommt allen Beschreibungen vom Fegefeuer ziemlich nahe.

Auch die im Hinblick auf Sokars Macht aufgebauten Erwartungen werden völlig erfüllt. Seine Flotte ist noch viel stärker als erwartet, selbst die mächtigen Systemlords der Goa'uld, die er anzugreifen vorhat, würden ihm nicht viel entgegensetzen können.

Martouf und Jolinar waren früher ein Liebespaar. Kein Wunder also, dass sie ihm verschwiegen hat, dass sie mit Bynarr ins Bett ging, um von Netu zu entkommen. Auch zwischen Sam und Martouf wurden bei ihrem Kennenlernen bereits erste zarte Bande geknüpft, doch wies Sam ihn zurück, da sie ihn zwar mochte, sich aber nicht sicher war, ob seine Gefühle ihr selbst oder ihr in Person der ehemaligen Wirtin Jolinars galten. Nachdem nun auch Erinnerungen an die gemeinsame Zeit von ihm und Jolinar in Sam wachgerufen wurden, dürfte dies ihre Beziehung zu Martouf noch vertiefen. Vielleicht ergibt sich zwischen den beiden ja doch noch etwas.

Eine äußerst gelungene Überraschung ist auch die Enthüllung, dass sich hinter der Maske Nao'naks Apophis verbirgt. Wie bei der Auslieferung seines Leichnams an Sokar befürchtet, hat dieser ihn also tatsächlich mittels eines

Sarkophags wiederbelebt, um ihn als Gefangenen weiterhin quälen zu können (s. Folge 37 „Der Sturz des Sonnengottes"). Da dies schon recht lange zurückliegt, dürfte allerdings kaum jemand im Verlauf der Episode noch daran gedacht haben, dass sich auch Apophis irgendwo auf Netu befinden könnte.

Wie sich zeigt, ist es ihm in der Gefangenschaft dank seiner Tarnung gelungen, es bereits wieder zu beträchtlicher Macht zu bringen. Zumindest seiner eigenen Meinung nach genug, dass er es nun sogar wagt, offen gegen Sokar zu rebellieren, wie die Ermordung von dessen Stellvertreter Bynarr zeigt. Damit hat es SG-1 gleich mit zwei besonders gefährlichen Gegnern zu tun, in deren Gefangenschaft sie sich befinden, was die Spannung auf die Fortsetzung noch erhöht.

Um die Überraschung nicht zu verderben, wird der Schauspieler Peter Williams, der Apophis darstellt, im Vorspann nicht aufgeführt, sondern erscheint erst im Nachspann.

Zitate:

Martouf: „Ein militärischer Eingriff wäre unmöglich, Colonel O'Neill."

O'Neill: „Wir operieren auch verdeckt?"

(O'Neill wundert sich süffisant, dass SG-1 auch andere Taktiken als einen offenen Kampf benutzt.)

Martouf: „Ihr solltet euch darüber im klaren sein, was euch erwartet."

Daniel: „Du hast gesagt – die Hölle."

O'Neill: „Tja, früher oder später werde ich da sowieso landen, da kann ich mir schon mal die Gegend ansehen."

(O'Neill sieht seine Zukunft nicht gerade rosig.)

„Ich kann's kaum erwarten. Zur Hölle mit uns!"
(Dennoch bleibt O'Neill voller Enthusiasmus.)

O'Neill: „Na schön. Erstens wird Carter dich nicht alleine gehen lassen. Zweitens werde ich es nicht zulassen. Und drittens: Jolinar konnte entkommen."
Martouf: „Aber wenn Samantha sich nicht erinnern kann..."
O'Neill: „Ich weiß, hab' längst verstanden. Und ich weiß, es ist ein dummer Spruch, aber was einmal gelungen ist, kann wieder gelingen."
(O'Neill redet Martouf dessen Vorhaben aus, allein nach Netu zu gehen, falls Sam sich nicht rechtzeitig erinnert, wie Jolinar geflohen ist. Einer für alle, alle für einen...)

Daniel: „Es brennt in der Lunge."
O'Neill: „Na ja, wenigstens ist es eine trockene Hitze."
(Auch angesichts der wahrhaft höllischen Klimabedingungen auf Netu behält O'Neill seinen Optimismus.)

Jakob Carter: „Er ist für Sokar Augen und Ohren hier."
O'Neill: „Na ja, Auge und Ohren."
(Eine kleine Anspielung auf Bynarrs Entstellung.)

FOLGE 55: APOPHIS RÜCKKEHR
OT: THE DEVIL YOU KNOW

Drehbuch: *Robert C. Cooper*
Regie: *Peter DeLuise*

Gaststars:
Apophis – Peter Williams
Martouf – J.R. Bourne
Jakob Carter – Carmen Argenziano
Aldwin – Willam de Vry
Bynarr – Bob Dawson

Inhalt:

Nachdem er seine Maske gelüftet hat, erklärt Apophis seinen Gefangenen, dass er sie als sein Werkzeug zur Flucht von Netu und zur Rückerlangung der ihm zustehenden Macht betrachtet. Er nimmt Daniel das Funkgerät ab und lässt sie dann wieder ins Verlies werfen. Auch das Gerät zur Verstärkung der Erinnerungen fällt ihm in die Hände.

Vor den übrigen Gefangenen hält er eine pathetische Rede, in der er ihnen verspricht, sie alle in die Freiheit zu führen, wenn sie sich ihm anschließen. Begeistert feiern sie ihn, nicht ahnend, dass sie für ihn nicht mehr als Schachfiguren darstellen, während er in Wahrheit ganz andere Pläne hat.

Er lässt Sam zu sich bringen. Mit dem auf höchste Leistung gestellten Erinnerungsverstärker und einer Droge, die den Willen schwächt und äußerst realistische Halluzinationen erzeugt, versucht er, ihr das Wissen zu entreißen. Die Erinnerungen, die sie durchlebt, sind so intensiv, dass sie die Wirklichkeit vergisst. Nach dem Tod ihrer Mutter haben ihr Vater und sie sich für lange Zeit auseinander gelebt. Nun erlebt Sam noch einmal ein Gespräch mit ihm, in dem er versucht, sich wieder mit ihr zu versöhnen, was auch sie sich sehnlichst wünscht. Allerdings verläuft das Gespräch anders, als es wirklich war. Jakob erklärt, dass er sterben müsste, wenn sie ihm nicht verraten würde, wie er nach Hause kommen könnte. Er will von ihr den Iriscode erfahren, woraufhin Sam erkennt, dass etwas nicht stimmt. An Stelle ihres Vaters sieht sie plötzlich Apophis vor sich, woraufhin die Illusion zerplatzt.

Teal'c ist inzwischen zu den Tok'ra zurückgekehrt und berichtet ihnen, was geschehen ist und was er über den geplanten Angriff auf die Systemlords erfahren hat. Eine Bombe wird an Bord des Transporters gebracht. Aldwin, einer der Tok'ra, erklärt, dass sie eine unaufhaltsame Kettenreaktion auslösen und Netu auf diese Weise vernichten kann. Gezündet werden soll sie, sobald sich Sokar auf sein im Orbit kreisendes Schiff begeben hat. Die Explosion des Mondes sei stark genug, auch sein Schiff zu zerstören. Sokar müsse unter allen Umständen aufgehalten werden, selbst wenn das hohe Opfer kosten würde. Teal'c hofft, vor der Zündung der Bombe einen Befreiungsversuch für seine Freunde starten zu können und fliegt zusammen mit Aldwin nach Netu zurück.

O'Neill wird zu Apophis gebracht und der gleichen Prozedur wie zuvor Sam unterzogen. Bei ihm werden Erinnerungen an seinen toten Sohn Charlie wach. Er möchte mit ihm spielen, doch Charlie verlangt von ihm zuvor Informationen über die Asgard. Auch wenn es ihm unglaublich schwer fällt, kann O'Neill sich ebenfalls aus der Illusion befreien.

Die Zeit läuft Apophis allmählich davon. Es kann nicht mehr lange dauern, bis Sokar von dem Aufstand erfährt, und bislang hat Apophis noch nichts erfahren, was er diesem als Preis für seine Freiheit anbieten könnte. Deshalb geht er nun anders vor. In Gegenwart von Sam verhört er

Martouf und gaukelt ihm vor, sie sei Jolinar. Er droht, sie zu töten, wenn Martouf ihm nicht verrät, wo sich die Zentrale des Tok'ra-Widerstandes befindet. Dieser gibt nach und nennt den Namen eines falschen Planeten.

Anschließend ruft Apophis bei Daniel die Erinnerungen an die Zeit wach, als dieser in einer von Sha'uri verursachten Vision den Dienst quittierte (s. Folge 52 „Sha'res Tod"). In Gestalt von O'Neill versucht er zu erfahren, wo sich sein Sohn Harsesis befindet, scheitert damit jedoch abermals, weil auch Daniel die Illusion rechtzeitig durchschaut. Gleichzeitig kann dieser das Funkgerät unbemerkt wieder an sich bringen.

Der Goa'uld nimmt Kontakt mit Sokar auf, der inzwischen gemerkt hat, dass auf Netu etwas nicht stimmt, und ihm mit grausamer Vergeltung droht. Apophis behauptet, er wolle sich Sokar unterwerfen. Er bietet ihm die Information über das Zentrum der Tok'ra an und bittet um eine Audienz, die er gewährt bekommt. In Wahrheit allerdings hat er vor, Sokar mit einem Dolch zu töten. Mit dem Transportsystem reist er auf Sokars Schiff, wo dieser sich mittlerweile aufhält.

Über das Funkgerät nimmt Sam Kontakt mit Teal'c auf. Dieser verlangt, mit dem Abschuss der Bombe zu warten, doch Aldwin bedroht ihn mit einer Waffe und feuert die Bombe ab. Die tödliche Kettenreaktion wird in Gang gesetzt, den Gefangenen bleiben nur noch zwölf Minuten bis zur Explosion. In dem ausbrechenden Chaos gelingt dem Team die Flucht aus dem Verlies.

Apophis nennt Sokar den Standort der Tok'ra-Rebellen, doch Sokar hat diesen Planeten bereits erobert und weiß, dass es dort keine Tok'ra gibt. Er befiehlt, Apophis langsam und qualvoll zu töten.

Während es Teal'c gelingt, Aldwin zu überwältigen, schlagen sich O'Neill und seine Begleiter zu Bynarrs

Quartier durch. Sie sprechen einen gewagten Plan mit Teal'c ab. Er soll das Schiff genau im richtigen Moment in den Transportstrahl lenken, sodass sie dort an Bord materialisieren.

Als Sokar von der bevorstehenden Explosion erfährt, nutzt Apophis die Gelegenheit, die beiden Wachen, die ihn foltern, zu töten. Er feuert mit der Stablanze des einen auf Sokar, doch dieser verbirgt sich hinter einem Schutzschirm. Apophis flieht.

Der Augenblick der Entscheidung ist gekommen. Teal'cs gewagtes Manöver gelingt, und O'Neill und die anderen materialisieren an Bord des Frachtschiffes, das sofort in den Hyperraum wechselt.

Ein Transportstrahl zeigt an, dass jemand von Sokars Schiff nach Dalmak reist. Unmittelbar vor der Explosion des Mondes, die planmäßig auch Sokars Schiff zerstört, erfolgt ein weiterer Transport.

Die Schlussszene zeigt Apophis, der von Sokars Palast auf Dalmak aus auf die fast einsatzbereite Raumflotte blickt und dabei triumphierend lächelt.

Bemerkungen:

Auch für den zweiten Teil gilt alles, was für die vorangegangene Episode galt. Die beiden Folgen stehen einander in nichts nach. Es gibt keinen Bruch zwischen den beiden Teilen. Sie schließen ohne Spannungsabfall nahtlos aneinander an und verschmelzen zu einer komplexen Einheit, was durchaus nicht immer der Fall ist, wenn – wie hier – verschiedene Drehbuchautoren am Werk sind.

Durch die wenigen Minuten, die nach der Zündung der Bombe noch Zeit für eine Rettungsaktion bleiben, steigert sich die Spannung zum Ende gewaltig. Auffällig sind die recht häufigen Weltraumszenen in diesem Zweiteiler, während sie sonst leider eher Mangelware sind.

Kurz vor der Explosion von Netu erfolgen zwei Transporte von Sokars Schiff nach Dalmak. Der eine Reisende ist Apophis, der darauf hofft, Sokars Macht an sich zu reißen, doch stellt sich die berechtigte Frage, ob er da nicht zu früh triumphiert, denn es ist anzunehmen, dass es sich bei dem zweiten Reisenden um Sokar handelt, dieser sich also auch retten konnte. In diesem Fall dürften Apophis ziemlich unangenehme Zeiten bevorstehen.

Auch für den Zuschauer wäre es äußerst unbefriedigend, wenn Sokar über einen so langen Zeitraum hinweg als Gefahr im Hintergrund aufgebaut worden wäre, nur um nach seinem ersten Erscheinen direkt besiegt zu werden.

Nachdem Martouf Apophis eine falsche Welt als Zentrale der Tok'ra angegeben hat, erklärt er Sam, dass er sich die ganze Zeit über bewusst gewesen sei, sie und nicht Jolinar vor sich zu haben. Trotzdem hatte er nicht mitansehen können, wie sie getötet wurde. Ein weiteres Zeichen, wie viel er für sie empfindet.

Zitate:

„Du nimmst es uns hoffentlich nicht krumm, dass wir nicht gerade jubeln."

(O'Neill kann seine Freude über das Wiedersehen mit Apophis kaum bändigen.)

„Deine Gefährtin Amaunet ist tot. Ich ruiniere dir nur ungern den Tag. Nein, ehrlich gesagt, muss ich mich korrigieren: Ich tue es sehr gern."

(Daniel freut sich über das Wiedersehen mit Apophis mindestens so sehr wie O'Neill.)

„Teal'c, hier spricht dein Gott Apophis, wieder auferstanden aus den Feuern des Netu. Das Schicksal deiner

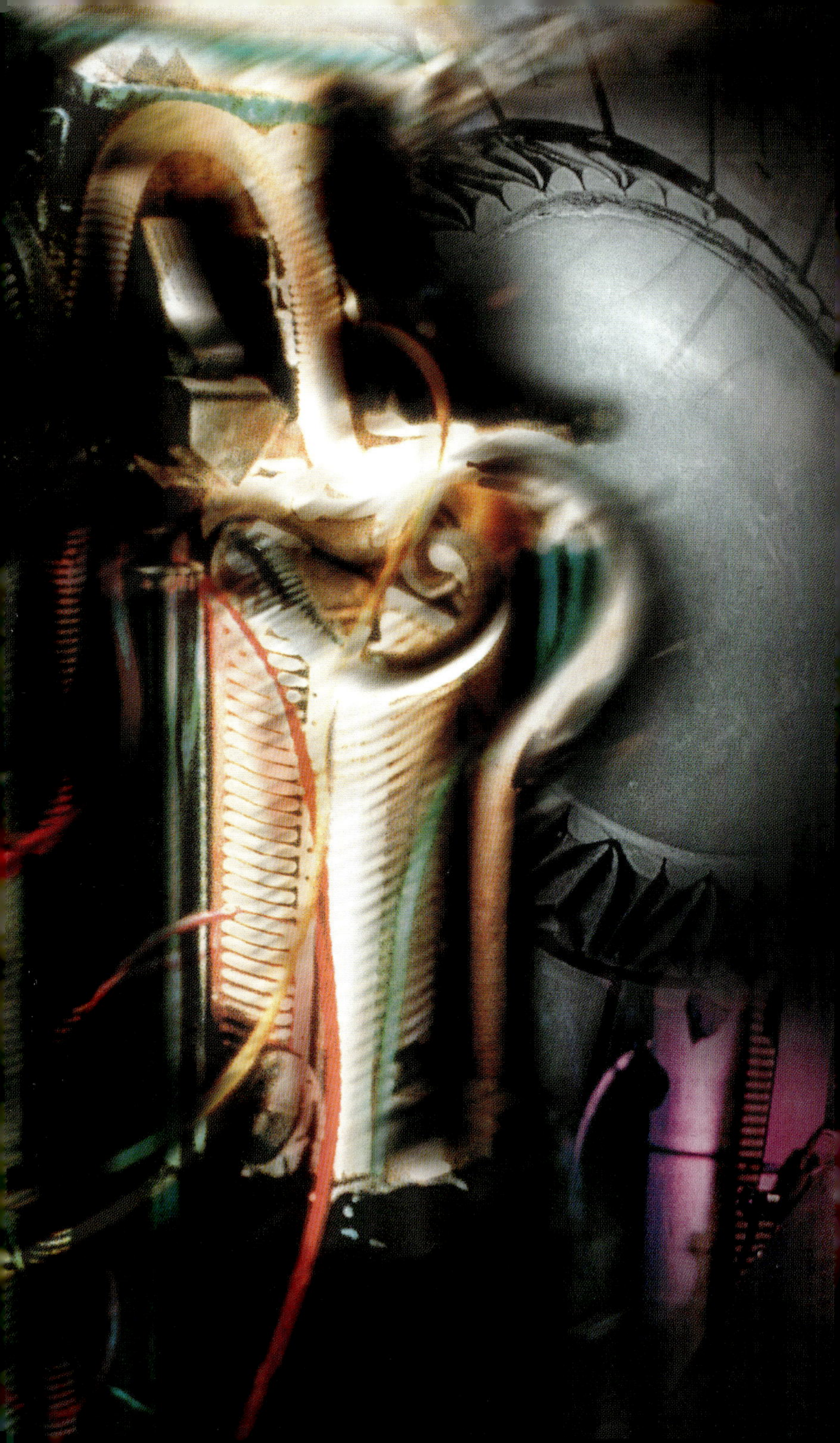

Freunde wird paradiesisch sein im Vergleich zu dem, was auf dich wartet.“

(Auch Apophis hat Grund zur Freude.)

„Eistee ... Klimaanlage ... Wasser ...“

(Nach erfolgreicher Flucht aus der Hölle von Netu weiß O'Neill die Annehmlichkeiten der Zivilisation doppelt zu schätzen.)

Jakob Carter: „Kannst du eigentlich nicht mal Urlaub machen?“

Sam: „Doch, natürlich.“

Jakob Carter: „Ich habe gedacht, wir könnten vielleicht mal einen Vater-Tocher-Urlaub verbringen.“

Sam: „Das hört sich gut an, Dad.“

Jakob Carter: „In Alaska soll es um diese Jahreszeit kühl sein.“

(Auch Jakob Carter sehnt sich nach der Flucht nur nach einem kühlen Plätzchen.)

FOLGE 56: AUSSERIRDISCHE AUF DEM VORMARSCH OT: FOOTHOLD

Drehbuch: *Heather E. Ash*
Regie: *Andy Mikita*

Gaststars:
Colonel Mayborne – Tom McBeath
Major Davis – Colin Cunningham

Inhalt:

Als SG-1 von einer Forschungsmission zurückkehrt und sich zur Untersuchung in die Krankenstation begibt, ertönt über Lautsprecher die Mitteilung, dass durch einen chemischen Unfall auf Ebene 23 kontaminierte Materie freigesetzt worden sei. In der Krankenstation bekommen die Mitglieder von SG-1 von Dr. Fraiser ein Mittel gespritzt, das sie schützen soll, ihnen jedoch das Bewusstsein raubt.

Teal'c erwacht als Erster wieder und bekommt ein Gespräch zwischen General Hammond, Dr. Fraiser und zwei Aliens einer unbekannten Rasse mit. Auch Hammond und Fraiser selbst entpuppen sich als Außerirdische, die nur das Aussehen des Generals und der Ärztin angenommen haben. In dem Gespräch geht es um eine bevorstehende Invasion der Erde. Darüber hinaus wird ein Verfahren erwähnt, das nur bei Teal'c und Sam nicht zu wirken scheint, vermutlich, weil sie beide einen Symbionten in sich tragen bzw. trugen.

Teal'c stellt sich weiterhin schlafend, doch als man ihn wegbringt, überwältigt er seine Wache. Anschließend befreit er auch Sam aus der Krankenstation und berichtet ihr, was er mitbekommen hat. Sie müssen befürchten, dass das gesamte Personal der Basis bereits durch die Außerirdischen ersetzt wurde, die offenbar über die Fähigkeit verfügen, das Aussehen jedes beliebigen Menschen anzunehmen.

Sam und Teal'c dringen in den Überwachungsraum ein und stellen fest, dass auf Ebene 23, wo sich der Chemieunfall ereignet haben soll, keine einzige Kamera mehr funktioniert. Sie beobachten wie Daniel und O'Neill zwei weitere Aliens, die durch das SternenTor kommen, freundlich begrüßen, also auch schon ausgetauscht worden zu sein scheinen.

Hilfe kann nur von außerhalb erfolgen, deshalb versuchen Sam und Teal'c, das SG-Center zu verlassen. Der Jaffa wird jedoch von den Wachen gestellt. Trotz heftiger Gegenwehr betäubt man ihn und nimmt ihn wieder gefangen. Sam hingegen gelingt durch einen Luftschacht die Flucht aus der Basis. Da sie nicht weiß, an wen sie sich sonst wenden soll, setzt sie sich telefonisch mit Colonel Mayborne in Verbindung und vereinbart ein Treffen.

Als Teal'c wieder zu sich kommt, erklärt Dr. Fraiser ihm, der Kontakt mit den bei dem Chemieunfall freigesetzten Giftstoffen würde Halluzinationen und paranoide Wahnvorstellungen auslösen. Sie bittet ihn, ihr zu sagen, wo sich Sam aufhält, um auch sie behandeln zu können. Doch Teal'c behauptet, er wisse es nicht.

Derweil trifft Sam sich mit Mayborne, der ihr die Geschichte von der Invasion jedoch nicht abnimmt, sondern sie ebenfalls für paranoid hält. Er hat zuvor mit General Hammond gesprochen, der auf ihn einen völlig normalen Eindruck machte und ihn von der Geschichte mit den Giftstoffen überzeugte.

Mayborne hat O'Neill und Daniel zu dem Treffen mit Sam mitgebracht, die nun zu ihnen an den Tisch treten.

Auch sie versuchen, Sam zu überzeugen, dass sie ein Opfer der Chemikalie geworden ist. Dabei verhalten sie sich so normal, dass ihr tatsächlich Zweifel kommen, ob sie nicht wirklich nur geistig verwirrt ist.

Die beiden bringen sie zum SG-Center zurück. Zusammen mit Major Davis begleitet auch Mayborne sie, um vor Ort eine Inspektion durchzuführen und sich davon zu überzeugen, dass wirklich alles in Ordnung ist. Während des Fluges in einem Jet der Army beginnt O'Neills Gestalt plötzlich zu flackern, und Sam sieht ihn für einen Moment als Alien. Daraufhin schießt sie auf ihn und auch auf Major Davis, der sie bewacht. Beide verwandeln sich sterbend in ihre Alien-Gestalt zurück. Ein Test ergibt, dass wenigstens Mayborne, der ihr nun endlich glaubt, noch er selber ist. Am Leichnam der Aliens entdeckt Sam eine Art Medaillon. Dabei handelt es sich um das Gerät, mit dem die Außerirdischen eine andere Gestalt annehmen können. Auch der falsche Daniel trägt eins.

Durch den Tod ihrer Imitationen kommen der echte O'Neill und Major Davis zu sich. Genau wie alle übrigen Mitarbeiter des SG-Projekts hängen sie in einer Art Geflecht, aus dem sie sich nun befreien können. Sie überwältigen die falsche Dr. Fraiser.

Mit dem außerirdischen Gerät nimmt Sam das Aussehen von Daniel an und kehrt ins SG-Center zurück. Sie trifft auf O'Neill und Davis und gibt sich ihnen zu erkennen. Sie erklärt, dass ein bestimmter Ton, der an Bord des Flugzeugs zufällig erzeugt wurde, die Frequenz stört, die die außerirdischen Geräte benutzen, um ihren Trägern das Annehmen eines fremden Aussehens zu ermöglichen. O'Neill befreit Teal'c, während Sam im Labor den Ton isoliert, mit dem man die Aliens sichtbar machen kann. Über Lautsprecher verbreitet sie ihn im gesamten SG-Center, sodass alle Außerirdischen in ihrer wahren Gestalt sichtbar werden. Ein erbitterter Kampf gegen die Invasoren entbrennt, der mit Hilfe der inzwischen von Mayborne geschickten Verstärkung zugunsten der Menschen beendet werden kann. Als die Aliens merken, dass sie enttarnt worden sind, versuchen sie durch das SternenTor zu fliehen. Doch Sam deaktiviert das Tor. Die zurückgebliebenen Außerirdischen töten sich in einer Explosion selbst. Ihre menschlichen Gegenstücke erwachen daraufhin. Aber einige der Alien sind entkommen, und sie verfügen über das gesamte Wissen, das sie aus den Gehirnen ihrer Opfer gezapft haben.

Bemerkungen:

Natürlich beschäftigt die Serie sich nicht ausschließlich mit den Goa'uld. Auch andere, nichtmenschliche Völker, die den Menschen feindlich gesinnt sind, haben einen Platz darin, wie beispielsweise die Reetou, die hervorragend ins Seriengefüge eingepasst wurden.

Hier jedoch verhält es sich anders. Obwohl einem die Personen und die Sets bekannt sind, hat man eher das Gefühl, sich eine Folge von „Twilight Zone" oder „Outer Limits" anzusehen. Es herrscht eine völlig fremdartige, alptraumhafte Stimmung vor, die nicht recht zur Serie passen will. Dazu gehört vor allem, dass man absolut nichts über die Aliens erfährt. Der Name ihres Volkes bleibt ebenso unbekannt wie ihre Absichten, was den Zuschauer ziemlich unbefriedigt zurücklässt.

Zunächst lässt die Episode für geraume Zeit offen, ob es die Invasion wirklich gibt, oder ob Sam und Teal'c womöglich doch nur an paranoiden Wahnvorstellungen leiden. Das sind noch die stärksten Passagen. Das letzte Drittel der Folge hingegen besteht fast nur aus Kampfszenen, die schnell ermüden, weil man lieber endlich erfahren möchte, was hinter der ganzen Invasion steckt.

Es gibt eine äußerst ungewöhnliche Koalition in dieser Episode. Während Colonel Mayborne normalerweise ein Stinkstiefel erster Güte ist, arbeitet Sam diesmal mit ihm zusammen, nachdem sie ihm bewiesen hat, dass es die Aliens wirklich gibt, und die von ihm befehligten Truppen bringen schließlich die Rettung im Kampf um das SG-Center. Selbst O'Neill kommt nicht umhin, sich bei ihm zu bedanken.

Während der Forschungsmission, von der SG-1 zu Beginn der Episode zurückkehrt, hat das Team Ruinen untersucht, von denen man hoffte, es würde sich um Kheb handeln, den Ort, an den Amaunet ihr mit Apophis gezeugtes Kind brachte (s. Folge 52 „Sha'res Tod"). Obwohl es noch einige Zeit dauern wird, bis man diesen Ort tatsächlich entdeckt, wird dem Zuschauer so die Hintergrundhandlung um das Harsesis-Kind, welches das gesamte Wissen der Goa'uld in sich trägt, noch einmal in Erinnerung gerufen.

Zitate:

„Nur Regen. Eine Menge Regen. Wind, Blitze, Hagel... Habe ich den Regen erwähnt, Sir?"

(O'Neill beschreibt das Wetter bei der Forschungsmission, von der SG-1 zu Beginn der Episode zurückkehrt.)

Mayborne: „Major, Sie unterlaufen die übliche Kommandostruktur."

Sam: „Ich bin überzeugt, dass sie bereits unterwandert ist."

(Sam versucht, Mayborne den Ernst der Lage klar zu machen.)

„Mayborne, Sie sind ein Idiot! Wo Sie auftauchen, stinkt es. Sie sollten Ihren Arsch am besten zu Hause lassen."

(Sam erklärt dem Colonel, was sie von ihm hält, als dieser sie an die Außerirdischen verrät.)

FOLGE 57: DIE TOLLAN-TRIADE
OT: PRETENSE

Drehbuch: *Kathryn Powers*
Regie: *David Warry-Smith*

Gaststars:
Skaara/Klorel – Alexis Cruz
Narim – Garwin Sanford
Travell – Marie Stillin
Zipacna – Kevin Durand

Inhalt:
Bei der Verfolgung eines Todesgleiters stoßen zwei Mutterschiffe des Goa'uld Heru'ur in den Orbit von Tollana vor, der neuen Heimat des technisch weit fortgeschrittenen Volkes der Tollaner (s. Folge 15 „Enigma"). Die beiden Schiffe werden vom automatischen Verteidigungssystem des Planeten vernichtet. Der Todesgleiter landet auf Tollana. Heraus steigt Skaara, Sha'uris Bruder und O'Neills jugendlicher Freund, der schon vor geraumer Zeit zum Wirt für den Goa'uld Klorel, Apophis Sohn, wurde. Er bittet die Tollaner, ihm zu helfen.

Das irdische SternenTor wird von außen aktiviert. Da jedoch kein Zugangscode gesendet wird, bleibt die Iris geschlossen. Plötzlich jedoch wird diese an einer Stelle durchlässig, und eine Katze tritt heraus. Sam Carter erkennt das Tier und gibt Befehl, nicht zu schießen. Es handelt sich um Schrödinger, die Katze, die sie dem Tollaner Narim einst zum Abschied schenkte. Gleich darauf erscheint auch Narim selbst. Mit ihrer überlegenen Technik können die Tollaner genau wie die Nox die Iris durchdringen. Narim erklärt, dass er die Katze vorgeschickt habe, um zu zeigen, dass keine Feinde einträfen.

Anschließend überbringt er eine Botschaft von Travell, dem Regierungsoberhaupt der Tollaner. Eine sogenannte Triade wurde einberufen, eine Art Gerichtsverfahren. Er berichtet von Skaaras Ankunft auf Tollana, und dass es bei der Triade darum gehe, zu entscheiden, wer das Recht habe, weiterhin in dem gemeinsamen Körper zu leben, Skaara oder Klorel. Skaara möchte von seinen Freunden von der Erde vertreten werden.

SG-1 begleitet Narim nach Tollana. Nach ihrer Ankunft teilt Narim ihnen mit, dass ihre Waffen durch ein spezielles Gerät funktionsunfähig gemacht wurden.

Nach einem Gespräch mit Kanzlerin Travell werden sie zu Skaara gebracht. Ein Gerät auf seiner Brust stellt sicher, dass der Wirt vom Goa'uld nicht unterdrückt und zum Schweigen gebracht werden kann, außerdem zeigt es an, wer gerade die Kontrolle über den Körper hat. Beide, Skaara und Klorel können sich also frei äußern. Skaara wählt O'Neill und Daniel zu seinen Arconen, seinen Anwälten.

Klorel hingegen wird von dem Systemlord Zipacna vertreten. Teal'c zufolge handelt es sich bei ihm um einen der loyalsten Gefolgsleute von Apophis. Zur Verwunderung von O'Neill gestatten die Tollaner ihm, mit einem Gefolge aus Jaffa auf Tollana einzutreffen.

Der dritte Arcon, der völlig neutral über das Verfahren wachen und ausschlaggebend für das Urteil sein wird, ist Lya vom Volk der Nox, mit der SG-1 bereits mehrfach Kontakt hatte.

Die Triade beginnt. Beide Seiten tragen ihre Standpunkte vor, die wie erwartet miteinander völlig unvereinbar sind. Daniel und O'Neill konzentrieren sich hauptsächlich auf das Argument, dass Skaaras Bewusstsein bereits in seinem Körper geboren worden sei, während Klorel ihm diesen erst später geraubt habe.

Zipacna erinnert daran, dass Skaara auf Abydos geboren sei. Zu diesem Zeitpunkt wurde der Planet von Ra beherrscht, es habe dort also das Gesetz der Goa'uld gegolten. Diesem zufolge seien die Menschen Eigentum der Goa'uld gewesen: Klorel habe sich also nur genommen, was ihm rechtmäßig zustand.

Daniel wendet ein, dass Ra ein Tyrann gewesen sei, der die Abydonier versklavt habe. Schließlich aber hätten diese sich gegen ihn aufgelehnt und ihn besiegt, um in Freiheit zu leben. Als Skaara verschleppt wurde und Klorel von ihm Besitz ergriff, galt das Gesetz der Goa'uld auf Abydos also nicht mehr.

Dieses Argument lässt Zipacna nicht gelten. Er behauptet, die Abydonier würden sich selbst nicht viel anders als die Goa'uld verhalten, denn sie würden Tiere töten und essen, um am Leben zu bleiben, ohne diese nach ihrer Meinung zu fragen. Für die Goa'uld seien Menschen nicht viel mehr wert als Tiere, denn zivilisatorisch stünden sie weit unter den Goa'uld, und deshalb müssten auch sie nicht nach ihrer Meinung gefragt werden.

Daniel hält dagegen, dass die Goa'uld ihre fortschrittlichere Technik und überhaupt ihr gesamtes Wissen nicht selbst entwickelt, sondern sich nur von anderen angeeignet hätten. Sie seien also nicht intelligenter, sondern nur parasitärer.

Während der Schlagabtausch weitergeht, beschatten Sam und Teal'c heimlich Zipacnas Jaffas, weil deren Verhalten ihnen verdächtig vorkommt. Sie stellen fest, dass die Jaffa sich hauptsächlich in der Nähe der automatischen Abwehrwaffen herumtreiben und sich sogar daran zu schaffen machen. Sie melden diese Entdeckung, doch die Tollaner können keine Manipulation an den Waffen feststellen. Sie halten sich für unangreifbar und betrachten die Beschattung der Jaffa als einen Verstoß gegen die Regeln der Gastfreundschaft, sogar als einen Versuch, das Ergebnis der Triade in Skaaras Sinn zu beeinflussen.

Aufgrund seiner in Apophis' Diensten gesammelten Erfahrung über die Taktik der Goa'uld ist Teal'c jedoch weiterhin der Überzeugung, dass die Waffen irgendwie als Ziele markiert wurden. Er glaubt fest daran, dass die Goa'uld angreifen werden. Gegen den Befehl O'Neills wendet er sich an Lya und erzählt ihr von seinem Verdacht.

Kurz darauf wird ein Goa'uld-Mutterschiff entdeckt, das Kurs auf Tollana nimmt. Zipacna behauptet, es käme nur, um ihn und – gegebenenfalls – Klorel abzuholen.

Die Triade muss ihr Urteil fällen. Da beide Fürsprecher zugunsten ihrer Partei votieren, liegt die Entscheidung bei Lya. Sie stimmt für Skaara. Klorel muss aus dessen Körper entfernt werden und soll dann in eine Goa'uld-Welt seiner Wahl geschickt werden.

Zipacna erteilt seinem Mutterschiff den Befehl zum Angriff. Mit einem Blitzschlag schaltet es sämtliche Abwehrkanonen aus, die tatsächlich vorher von den Jaffa als Ziele markiert wurden. Todesgleiter eröffnen das Feuer auf die wehrlose Stadt.

Teal'c und Lya allerdings haben Vorkehrungen getroffen. Die Nox hat eine Abwehrkanone unsichtbar gemacht und so vor den Jaffa versteckt. Als Teal'c sie aktiviert, schießt sie die angreifenden Todesgleiter ab und zerstört Zipacnas Schiff. Tollana ist gerettet.

Skaara wird von Klorel befreit und kann nach Abydos zurückkehren.

Bemerkungen:

Die Episode greift auf eine Reihe früherer Folgen zurück. Man erfährt, was aus den Tollanern geworden ist, und es gibt ein Wiedersehen mit einigen alten Bekannten wie Lya und Narim – und natürlich Skaara.

Zu den persönlichen Motiven, beim StarGate-Projekt mitzumachen, gehörte für Daniel und O'Neill stets die Hoffnung, eines Tages Sha'uri und Skaara von ihren Goa'uld befreien zu können. Bei Sha'uri hatte sich diese Hoffnung nicht erfüllt, da sie mittlerweile starb (s. Folge 52 „Sha'res Tod"). Hier ist aber wenigstens Skaara ein Happy-End vergönnt.

Die Triade entwickelt sich zu einem interessanten Prozess, der hauptsächlich von ethischen Gesichtspunkten bestimmt wird. Es geht nicht nur um Besitzansprüche, sondern den grundsätzlichen Wert von Leben und Freiheit. Versucht man als Zuschauer, seine Voreingenommenheit abzulegen und eine möglichst objektive Haltung einzunehmen, muss man zugeben, dass auch Zipacnas Argumente durchaus etwas für sich haben. Moral ist stets eine Frage des Standpunkts, und das Thema der Verhandlung ist nicht, dass die Systemlords sich zu Tyrannen über zahlreiche Welten der Galaxis aufgeschwungen haben. Aber sie sind nun einmal ein parasitäres Volk, das ohne Wirte nicht leben kann.

Zipacna weist darauf hin, dass es bei den Tollanern keine Todesstrafe gäbe und schlussfolgert daraus, dass die Entscheidung eigentlich nur zugunsten von Klorel ausfallen könne. Dieser ist ohne einen Wirt nicht lebensfähig und müsste sterben, während Skaaras Bewusstsein weiter existiert, auch wenn es von dem Goa'uld unterdrückt wird. Das Ergebnis der Triade verschiebt das Problem im Grunde nur. Skaara wird zwar befreit, doch wird Klorel sich schnellstmöglich einen neuen Wirt suchen.

Den einzig möglichen Ausweg aus dem Dilemma haben die Tok'ra gefunden, indem sie nur in solche Wirte schlüpfen, die mit einer Symbiose einverstanden sind. Dafür wäre allerdings ein grundlegendes Umdenken bei den Goa'uld nötig, denn wohl niemand wäre zu einer

Verschmelzung mit machtgierigen Monstern wie Klorel oder den Systemlords bereit.

Die Zerstörung der Abwehrkanonen und der Angriff einiger weniger Todesgleiter werden nicht gerade spektakulär in Szene gesetzt. Recht beeindruckend ist hingegen die Kampfszene am Anfang, als die beiden Schlachtschiffe den Todesgleiter beschießen und vernichtet werden, doch leider ist sie nur sehr kurz.

Bedauerlicherweise wird kein Wort über die Ereignisse auf Netu und Galmak und darüber, was aus Apophis und Sokar geworden ist, verloren (s. Folge 55 „Apophis Rückkehr"), dabei würde sich hier eine äußerst günstige Gelegenheit bieten, die diesbezügliche Neugier der Zuschauer zu befriedigen. Offenbar wissen aber weder Klorel noch Zipacna etwas darüber, dabei wäre anzunehmen, dass Apophis sich gerade mit ihnen möglichst schnell in Verbindung setzt.

Die Episode ist zwar nicht unbedingt ein herausragendes Highlight, insgesamt aber durchaus gelungen.

Zitate:

Daniel: „Ein Prozess ist so etwas wie ein Tribunal, da werden alle möglichen Rechtsangelegenheiten entschieden."

Narim: „Ja, gut, dann ist eine Triade einem Prozess ähnlich."

O'Neill: „Und? Gegen wen geht der Prozess?"

Daniel: „Triade."

O'Neill: „Triad... zess."

(Daniel hat erkannt, dass eine Triade eine Art Gerichtsverhandlung ist, aber O'Neill hat Schwierigkeiten, sich an die tollanische Bezeichnung zu gewöhnen und kreiert eine eigene Wortschöpfung.)

Sam: „Ihr habt euch ein SternenTor gebaut."

Narim „Ja."
Daniel: „Auf jeden Fall klüger als wir."
Narim: „Hier entlang."
O'Neill: „Bei uns ist mehr los."
(Neidisch erkennt Daniel bei der Ankunft auf Tollana die Überlegenheit der Tollaner an, doch O'Neill findet wie immer ein Haar in der Suppe.)

„Gibt es dafür auch eine Geld-zurück-wenn-ihr-nicht-mehr-lebt-Garantie?"
(O'Neill schätzt es gar nicht, dass ihre Waffen unbrauchbar gemacht wurden, denn er ist von der Garantie der Tollaner für die Sicherheit von SG-1 nicht völlig überzeugt.)

„Tolle Erfindung. Ich hätte gerne ein Dutzend."
(O'Neill ist von dem Gerät, das verhindert, dass ein Goa'uld seinen Wirt unterdrückt, sehr beeindruckt.)

„Tja, diese ganze Waffengeschichte ist ziemlich aufregend, aber könnten wir bitte wieder über die Triade reden?"
(Der Bericht über die Zerstörung von zwei Goa'uld-Mutterschiffen durch das Verteidigungssystem der Tollaner lässt Daniel ziemlich kalt.)

O'Neill: „Tja, das Ganze hat sich doch noch zum Guten gewendet. Das wird ein Spaziergang."
Daniel: „Ich würde mich nicht allzu früh freuen."
O'Neill: „Mister Negativ."
(Als O'Neill erfährt, dass Lya der dritte Arcon sein wird, glaubt er die Triade bereits gewonnen.)

Travell: „Unsere Technologie ist ihrer in jeder Hinsicht überlegen – und eurer auch."

O'Neill: „Sind wir nicht kleine Störenfriede?"
(Die Überheblichkeit der Tollaner ärgert O'Neill mal wieder.)

Travell: „Du hast meine Anweisungen ignoriert."
O'Neill: „Meine auch. Gut gemacht."
(Teal'c muss sich für die Missachtung von Befehlen verantworten.)

FOLGE 58: URGO
OT: URGO

Drehbuch: *Tor Alexander Valenza*
Regie: *Peter DeLuise*

Gaststars:
Urgo – Dom DeLuise
Dr. Fraiser – Teryl Rothery

Inhalt:

Eine durch das SternenTor zum Planeten P4X-884 geschickte Sonde zeigt, dass es sich um eine geradezu paradiesisch anmutende, unbewohnt scheinende Welt handelt. Um sie näher zu untersuchen, bricht SG-1 dorthin auf. Das Team geht durch das Tor, kommt aber statt am Zielort wieder im SG-Center heraus. General Hammond erklärt jedoch, dass sie mehr als fünfzehn Stunden weg gewesen seien. Eine weitere, zwischenzeitlich durch das Tor geschickte Sonde habe die gleichen Bilder wie die erste gesendet, ohne den geringsten Hinweis auf den Verbleib von SG-1 zu liefern.

Sam entdeckt, dass das erste Bild der Übertragung eine völlig andere Umgebung voller futuristischer Technik zeigt. Offenbar sind die nachfolgenden Aufnahmen manipuliert worden.

Obwohl Dr. Fraiser keine gesundheitlichen Schäden feststellen kann, beginnt das Team sich sonderbar zu verhalten. So ist es völlig begeistert über den Geschmack des Kaffees, Teal'c trinkt sogar mehrere Liter des kochend heißen Getränks direkt aus der Kanne, ohne einmal abzusetzen. Überhaupt entwickelt das gesamte Team plötzlich einen ungeheuren Heißhunger und verschlingt riesige Essensportionen.

Schließlich entdeckt Fraiser winzige Fremdkörper in den Gehirnen der SG-1-Crew. Doch ohne irreparable Schäden zu hinterlassen, können diese nicht entfernt werden. Das Team wird unter Quarantäne gestellt und beginnt mit einem Mal eine fremde Stimme zu hören. Ein kleiner, dicklicher Mann namens Urgo taucht aus dem Nichts in ihrem Quartier auf, ist aber nur von SG-1 wahrzunehmen. Es handelt sich um eine Art Projektion, eine von den winzigen Geräten in ihren Köpfen hervorgerufene Halluzination. Urgo benutzt ihre Sinne, um selber Informationen zu sammeln. Dabei besitzt er außerdem die Fähigkeit, ihren Willen zu beeinflussen.

Sam findet heraus, dass Urgo – obwohl nur virtuell existent – eine eigene Persönlichkeit besitzt und auf seinen Erfinder nicht gut zu sprechen ist. Er bezeichnet ihn als abgrundtief böse. Sam will mit ihm Kontakt aufnehmen, doch Urgo warnt sie davor. Er behauptet, es sei ihr Tod, denn um an die gesammelten Informationen zu gelangen, werde sein Erfinder sie töten und die Mikrochips aus ihren Köpfen holen. Sie können sich entscheiden, ob sie den Rest ihres Lebens mit Urgo verbringen, oder ob sie sterben wollen.

Allerdings entwickelt Sam noch eine andere Theorie. Die Mikrochips funktionieren nach elektronischen Grundsätzen. Ein elektromagnetischer Schockimpuls könnte sie möglicherweise funktionsuntüchtig machen. Urgos Bemühungen, ihre Forschungen in dieser Richtung zu stören, wertet sie als Anzeichen, dass sie auf dem richtigen Weg ist. Tatsächlich hat sie Erfolg damit: Urgo löst sich auf.

Alles scheint wieder in Ordnung zu sein, bis nach einigen Tagen plötzlich alle Mitglieder von SG-1 gleichzeitig das gleiche Lied zu singen beginnen. Kurz darauf kehrt Urgo zurück. Der EM-Impuls hat die Mikrochips nur vorübergehend lahmlegen können.

Mittels einer Sonde versucht man nun doch, mit Urgos Erfinder Kontakt aufzunehmen. Dieser bezeichnet ihn als eine Fehlfunktion. Die betroffenen Personen sollen zu ihm kommen, dann werde Urgo entfernt.

Obwohl Urgo sie weiterhin eindringlich warnt, will SG-1 das Risiko eingehen, nach P4X-884 zu reisen. Sam erkennt jedoch, dass Urgos Fehlfunktion darin besteht, dass er sich ihnen überhaupt gezeigt und mit ihnen gesprochen hat, sonst hätten sie von der Existenz der Mikrochips gar nichts bemerkt. Insofern hat er ihnen sogar einen Dienst erwiesen. Sam stellt sogar die Theorie auf, dass es sich gar nicht um eine Fehlfunktion sondern eine evolutionäre Weiterentwicklung hin zu einer eigenständigen Lebensform handeln könnte. Dies führt zu einer Grundsatzdiskussion darüber, was Leben ist und ob man Urgo als Lebewesen ansehen kann, auch wenn er nur als virtuelles Programm existiert.

O'Neill will davon jedoch nichts hören. SG-1 reist nach P4X-884 und kommt dort in einer Art Labor heraus. Man trifft Toga, Urgos Schöpfer, der genau wie dieser aussieht. Er erklärt sich bereit, sie von ihren Implantaten zu befreien. Urgo werde anschließend vernichtet. Daniel und Sam protestieren dagegen und verteidigen Urgos „Leben“. Daniel erkennt, dass Toga die Mikrochips entwickelt hat, weil er selbst zu feige und träge ist, neue Erfahrungen zu sammeln, sondern sie lieber aus zweiter Hand erfährt. Er schlägt ihm vor, Urgo in sich selbst aufzunehmen, um auf diese Art das beste aus ihren beiden Persönlichkeiten miteinander zu verschmelzen. Schließlich sind beide zu diesem Wagnis bereit. Die Mikrochips werden aus den Köpfen von SG-1 entfernt. O'Neill und seine Begleiter kehren zur Erde zurück, können sich aber wie schon bei ihrem ersten Besuch auf P4X-884 an nichts von dem erinnern, was dort passiert ist, sondern glauben, gerade erst aufgebrochen zu sein.

Bemerkungen:

Urgo erscheint O'Neill und den anderen als eine völlig reale, eigenständige Person, ist jedoch eine absolute Nervensäge. Man kann gut nachvollziehen, wie sehr es SG-1 bei der Vorstellung graust, ihn womöglich für den Rest des Lebens ertragen zu müssen.

Dargestellt wird Urgo von dem bekannten Komiker Dom DeLuise, der vor allem in den siebziger und achtziger Jahren in zahlreichen Filmen mitspielte. Außerdem ist er der Vater von Peter DeLuise, der als Schauspieler durch die Serie „21 Jump Street" bekannt wurde, mittlerweile jedoch hauptsächlich als Regisseur arbeitet. Auch für „StarGate Kommando SG-1" hat er bereits zahlreiche Episoden inszeniert, so auch diese.

Die Folge bringt die übergreifende Serienhandlung nicht weiter. Genau wie Folge 24 „Virtueller Alptraum" in der zweiten Staffel dient sie als eine Art humorvoller Einschub, und genau wie diese ist sie völlig auf das komödiantische Talent des Haupt-Gaststars zugeschnitten.

Als humorvolle Auflockerung funktioniert sie recht gut. Das Drehbuch strotzt nur so vor Gags, und man könnte in der Rubrik „Zitate" fast den halben Text wiedergeben. Es gibt zahlreiche witzige Szenen, auch schon in den Passagen vor Urgos Erscheinen. Zudem merkt man den Schauspielern deutlich an, mit wie viel Vergnügen sie bei der Sache sind.

Selbst die Diskussion gegen Ende darüber, was Leben ausmacht, ist nur scheinbar ernst. Zum einen wird auch sie ständig durch Urgos Faxen ins Komische gezogen, zum anderen kratzt sie nur äußerst flüchtig die Oberfläche des Themas an und versucht gar nicht erst, ihm gerecht zu werden. Eine weitaus tiefgründigere Beschäftigung damit bietet beispielsweise die Serie „Star Trek – Das nächste Jahrhundert" in gleich mehreren Episoden, wenn es darum geht, ob der Androide Data oder auch seine von ihm erschaffene Androidentochter Lal als eigene Lebensformen zu betrachten sind und ein Recht auf Selbstbestimmung besitzen.

Zitate:

Sam: „P4X-884 sieht aus wie das Paradies, Sir."

Teal'c: „Aber der erste Eindruck kann täuschen."

O'Neill: „Was dem einen seine Nachtigall, ist dem anderen seine Eule."

Daniel: „Des Narren Paradies ist dem Weisen eine Hölle."

O'Neill: „Wer mit dem Feuer spielt..."

(Ein netter kleiner Austausch von Redewendungen.)

„Hm, mal wieder Steinchen einsammeln."

(O'Neill hegt üble Bedenken bezüglich der anstehenden Expedition.)

O'Neill: „Au revoir, mon General."

Teal'c: „Diese Redewendung ist mir unbekannt."

O'Neill: „Au revoir ist französisch und bedeutet ciao, und ciao bedeutet adios, sajonara, bye-bye, und das alles bedeutet locker übersetzt Wiedersehen."

(Teal'c lernt jeden Tag etwas dazu.)

„Ist es normal, wenn jemand zwei Liter kochend heißen Kaffee trinkt, oder wie sehen Sie das?"

(Hammond stellt eine wohl eher rhetorische Frage.)

„Ich habe nicht gesungen. Ich wüsste, wenn ich gesungen hätte. Ich kenne nicht mal den Text von diesem ‚row row'. – Na schön, wenn ihr das Singen nennt."

(Eine Videoaufzeichnung überzeugt O'Neill, dass er sich auf sein Gedächtnis nicht mehr verlassen kann, wohl aber auf seinen Sachverstand als Kunstkritiker.)

FOLGE 59: O'NEILL UND LAIRA
OT: A HUNDRED DAYS

Drehbuch: *Brad Wright*
Regie: *David Warry-Smith*

Gaststars:
Laira – Michele Greene
Naytha – Julie Patzwald
Techniker – Gary Jones
Dr. Fraiser – Teryl Rothery

Inhalt:
SG-1 hat friedlichen Kontakt mit den Bewohnern eines mittelalterlichen Dorfes auf dem Planeten Edora aufgenommen, wo es reichhaltige Naquadah-Vorkommen gibt, die man gerne abbauen würde. O'Neill versteht sich vor allem gut mit Laira, einer Frau aus dem Dorf. Gemeinsam beobachten sie den Beginn eines ganz besonderen Schauspiels: eines Feuerregens, bestehend aus zahlreichen Sternschnuppen, die jedes Jahr in einer bestimmten Nacht auf Edora niedergehen, da der Planet dann einen Asteroidengürtel passiert. Sie werden Zeuge, wie ein bedrohlich großer Asteroid dabei die Atmosphäre streift.

Sam ist ziemlich beunruhigt darüber und stellt Nachforschungen an, zumal der Feuerregen Laira zufolge jedes Jahr beeindruckender wird. Durch die geologische Untersuchung von Gesteinsschichten findet Daniel heraus, dass etwa alle 150 Jahre der Einschlag eines größeren Brockens die Oberfläche Edoras erschüttert hat. Diese Zeit ist seit dem letzten Einschlag mittlerweile vergangen, sodass sich dies in diesem Jahr wiederholen könnte.

Sam kehrt zur Erde zurück und bearbeitet alle gesammelten Daten im Zentralrechner des SG-Centers. Sie stellt fest, dass dem Planeten möglicherweise eine verheerende Katastrophe durch den Einschlag von Asteroiden droht. Sie bietet den Bewohnern an, sie für die Dauer des Feuerregens auf die Erde zu evakuieren, doch gut ein Drittel der Bevölkerung will zurückbleiben, weil sie nicht glaubt, dass die Gefahr so groß ist. Immerhin ist der Feuerregen den Menschen vertraut, und seit Generationen, soweit das nur mündlich wiedergegebene Wissen zurückreicht, ist nichts passiert. Die meisten aber sind bereit, ihre Welt vorübergehend zu verlassen.

Als die Evakuierung anläuft, vermisst Laira ihren Sohn und dessen Freundin. Zusammen mit O'Neill macht sie sich auf die Suche nach ihnen. In einer unterirdischen Höhle finden sie Schutz vor den mittlerweile in immer kürzeren Abständen einschlagenden Asteroiden.

Sam und Teal'c, die als letzte noch auf sie warten, beobachten, wie ein Asteroid direkt auf sie niederrast, und können sich gerade noch durch das SternenTor in Sicherheit bringen, bevor das Transportfeld zusammenbricht. Als sie es wenig später erneut öffnen und eine Sonde hindurchschicken, sendet diese kein Signal. Offenbar wurde das SternenTor von dem Asteroiden zerstört.

Sam schöpft jedoch Hoffnung aus der Tatsache, dass das Wurmloch überhaupt aufgebaut werden konnte, da dies nicht möglich gewesen wäre, wenn das SternenTor vernichtet oder völlig verschüttet worden wäre. Sie vermutet, dass sich das Naquadah und anderes Gestein durch die beim Aufschlag des Asteroiden freigesetzte Energie verflüssigt und anschließend zu einer der Irisblende ähnlichen Schicht über dem Tor verfestigt hätte, die verhindert, dass sich dort Materie materialisieren kann.

Als O'Neill und die anderen die Höhle verlassen, haben nur wenige der zurückgebliebenen Dorfbewohner die Asteroideneinschläge überlebt. Am Schlimmsten für

O'Neill aber ist, dass sich dort, wo sich das SternenTor befand, nur noch ein großer Krater erstreckt. Ohne das Tor jedoch gibt es für ihn keine Möglichkeit, jemals zur Erde zurückzukehren, so wenig, wie die evakuierten Menschen wieder nach Edora gelangen können.

Auf der Erde gibt Sam nicht auf, obwohl General Hammond O'Neill offiziell bereits als im Einsatz verschollen deklariert hat. Sie will die gleiche Taktik anwenden, mit der Sokar sie vor einiger Zeit in große Schwierigkeiten brachte. Damals schickte er subatomare Partikel durch das SternenTor, die die Iris aufheizten und fast zum Schmelzen brachten (s. Folge 37 „Der Sturz des Sonnengottes“). Sie hofft, das Naquadah auf diese Art erneut zum Schmelzen bringen zu können, damit ein Hohlraum hinter dem Ereignishorizont entsteht, der groß genug ist, dass sich ein Mensch dort materialisieren kann. Das Problem ist nur, dass es auf der Erde keinen Partikelstromgenerator gibt, doch beginnt sie sofort, einen zu entwickeln.

Drei Monate verstreichen. Nach und nach hat O'Neill seine Verzweiflung überwunden und damit begonnen, sich mit seiner neuen Situation zu arrangieren. Die Bewohner akzeptieren ihn wie einen der ihren und er hilft, das weitgehend zerstörte Dorf neu aufzubauen. Sein Verhältnis zu Laira intensiviert sich, die beiden verlieben sich ineinander und schmieden sogar Heiratspläne. Obwohl er immer noch oft an die Erde zurückdenkt, hat er die Hoffnung auf eine Rückkehr mittlerweile aufgegeben.

Sam hat während dieser drei Monate den benötigten Partikelgenerator entwickelt und beginnt mit einem Beschuss durch das Wurmloch, bis sie wie erhofft dahinter einen ausreichend großen Hohlraum geschaffen hat. Teal'c geht durch das SternenTor nach Edora, um zu versuchen, mit Werkzeugen einen Durchbruch zur Erdoberfläche herzustellen und Funkkontakt mit O'Neill aufzunehmen.

Während sich O'Neill bei der Feldarbeit befindet, hört Laira aus seinem Funkgerät plötzlich Stimmen. Sie gerät in einen Gewissenskonflikt. Erzählt sie O'Neill davon, wird er zur Erde zurückkehren, und sie verliert ihn. Trotzdem ringt sie sich schließlich dazu durch, sodass er Kontakt mit Teal'c aufnehmen kann. Es gelingt ihm, sich diesem entgegenzuarbeiten, und sie schaffen einen Durchbruch, bevor Teal'cs Sauerstoffvorrat aufgebraucht ist. Mit vereinter Kraft legen sie das Tor ganz frei.

O'Neill bittet Laira, mit ihm zu kommen, doch sie antwortet, dass ihr Platz auf Edora sei. Aber sie werden sich bestimmt wiedersehen, da ein Handelsabkommen zwischen der Erde und Edora geschlossen werden soll.

Bemerkungen:

Die Episode greift eine Gefahr auf, die den SG-Teams bei den Reisen durch das SternenTor stets droht. Sie können sich nie absolut sicher sein, dass es für sie eine Rückkehr zur Erde geben wird; es können immer irgendwelche Umstände eintreten, die dies unmöglich machen, und dann wären sie in der Ferne verschollen. Dieses Schicksal ereilte schon Ernest Littlefield, dem es bereits 1945 gelang, das SternenTor zu aktivieren und hindurchzugehen. Auf der anderen Seite gab es jedoch kein Kontrollelement, und er musste rund fünfzig Jahre auf einem unbewohnten Planeten ausharren, ehe SG-1 ihn befreite (s. Folge 10 „Die Qualen des Tantalus"). Im Gegensatz zu Littlefield hat O'Neill während seines vorübergehenden Exils immerhin Gesellschaft, und auch noch äußerst angenehme.

Natürlich denkt man auf der Erde sofort über Möglichkeiten zu seiner Rettung nach. Man wendet sich an befreundete Völker, die die interstellare Raumfahrt beherrschen. Die Tollaner erklären jedoch, sie würden ein Jahr brauchen, um Edora zu erreichen.

Teal'cs Mission ist äußerst gefährlich, denn ein Wurmloch lässt sich bekanntlich stets nur etwa eine halbe Stunde lang aufrecht erhalten. Danach kann es nicht mehr neu geöffnet werden, da das dabei entstehende Vortex, der Energiestrudel, den kleinen Hohlraum völlig ausfüllen und ihn töten würde. Ihm bleibt also nur für etwa vier Stunden Sauerstoff. Das bringt zwar dramaturgische Spannung und zeigt, wie selbstlos Teal'c sein eigenes Leben für die Rettung O'Neills aufs Spiel setzt, praktisch durchdacht ist die Aktion aber eher nicht. Teal'c hätte problemlos ein paar Sauerstoffflaschen mitnehmen können, um die ihm verbleibende Frist um ein Mehrfaches zu erhöhen.

Um symbolisch alle Brücken zu seiner Vergangenheit abzubrechen, ist O'Neill einverstanden, dass Laira seine alte Uniform, in der sich auch das Funkgerät befindet, verbrennt. Bei einem mittlerweile verstrichenen Zeitraum von drei Monaten ist der Zufall arg groß, dass dies genau zu dem Zeitpunkt passiert, als sich Teal'c einen Weg an die Oberfläche zu bahnen versucht. Hätte sie die Sachen nur ein paar Stunden früher verbrannt, hätte es keine Möglichkeit zur Kontaktaufnahme mehr gegeben.

Eine weitere grundsätzliche Frage drängt sich dem Zuschauer geradezu auf. Nachdem O'Neill Funkkontakt mit Teal'c aufgenommen hat, können sie binnen weniger Minuten einen Durchbruch erreichen. Zuvor hatte Teal'c nur wenige Stunden Zeit, sich von seiner Seite aus durch das Gestein zu graben. Die Schicht über dem SternenTor muss also ziemlich dünn sein. Warum bloß hat O'Neill nicht vorher schon wenigstens einen Versuch gestartet, es selber freizulegen? Vermutlich hätte er höchstens ein oder zwei Tage dafür gebraucht.

Ungewöhnlich ist der große Zeitrahmen von drei Monaten, über den sich diese Episode erstreckt. Wenn man bedenkt, welche wichtigen Geschehnisse (beispielsweise um Sokar und Apophis) auf galaktischer Ebene im Hintergrund ablaufen, ist es schon merkwürdig, dass sich während dieser Zeit offenbar gar nichts ereignet.

Die Schauspielerin Michele Greene wurde vor allem als eine der Hauptdarstellerinnen der Anwaltsserie „L. A. Law“ bekannt.

Zitate:

O'Neill: „Also, Laira, wann fängt die Show an?“

Laira: „Gleich. Hab bitte Geduld.“

O'Neill: „Ich habe ja Geduld. Ich habe sogar eine Menge Geduld. Wann geht es los?“

(Ja, ja, warten fällt schwer...)

FOLGE 60: O'NEILL AUF ABWEGEN
OT: SHADES OF GREY

Drehbuch: *Jonathan Glassner*
Regie: Martin Wood

Gaststars:
Colonel Mayborne – Tom McBeath
Colonel Makepeace – Steve Makaj
Travell – Marie Stillin
Major Newman – Christian Bocher

Inhalt:

SG-1 ist erneut nach Tollana gereist, um diplomatische Beziehungen zu knüpfen. Obwohl sie den Planeten vor kurzem vor den Goa'uld gerettet haben (s. Folge 57 „Die Tollan-Triade"), lehnen es die Tollaner ab, ihnen ihre überlegene Technologie zur Verfügung zu stellen. Ihre Gesetze verbieten dies, und obwohl O'Neill beteuert, die Waffen würden nur zur Verteidigung gegen die Goa'uld eingesetzt, fürchten sie aufgrund der bisherigen Menschheitsgeschichte, die Waffen könnten auch bei Kriegen auf der Erde zum Einsatz kommen.

Erfolglos werden die Verhandlungen abgebrochen, worüber vor allem O'Neill extrem wütend ist. Als SG-1 das Gebäude verlässt, nimmt er gegen den Willen der anderen heimlich ein Gerät an sich, mit dem die Tollaner Waffen funktionsuntüchtig machen können, und bringt es zur Erde.

General Hammond ist zunächst sehr erfreut, doch als er erfährt, dass es sich nicht um ein Geschenk, sondern um Diebstahl handelt, wird er wütend. Er führt aus, dass das SG-Projekt schon mehrfach von außerirdischen Kulturen verdächtigt wurde, sich Dinge ungerechtfertigt angeeignet zu haben, was man bisher immer von sich gewiesen habe. Deshalb befiehlt er, dass Sam, Daniel und Teal'c das Gerät unverzüglich zurückbringen sollen. Daraufhin kommt es zum Entsetzen der anderen zu einer heftigen Auseinandersetzung zwischen ihm und O'Neill. Er enthebt O'Neill seines Kommandos und befiehlt ihm, sich sofort in der Krankenstation auf seinen Gesundheitszustand untersuchen zu lassen.

Eine Abordnung der Tollaner kommt durch das SternenTor zur Erde. Sie fordern ihr Eigentum zurück und erklären die diplomatischen Beziehungen ab sofort für beendet. Um die Wogen einigermaßen zu glätten, bleibt Hammond nichts anderes übrig, als O'Neill vor ein Kriegsgericht zu stellen, es sei denn, dieser wäre zu einem ehrenvollen Abschied vom Militär bereit. O'Neill entscheidet sich für diese Alternative, zumal er vom SG-Projekt ohnehin zutiefst enttäuscht ist.

Sams Hoffnungen, eventuell selbst die Führung von SG-1 übernehmen zu können, werden zunichte gemacht, als Hammond Colonel Makepeace, dem bisherigen Kommandanten von SG-3, diese Aufgabe überträgt.

O'Neills Rückzug ins Privatleben ist nicht von langer Dauer. Colonel Mayborne sucht ihn auf und äußert Sympathie für O'Neills Ansichten, schließlich setzt er sich selbst schon seit langem für ein weniger zimperliches Vorgehen gegenüber Außerirdischen ein. Auch O'Neill habe nun wohl eingesehen, dass dies der einzig sinnvolle Weg wäre. Zwar lehnt dieser es strikt ab, für Mayborne zu arbeiten, doch nach einigen Tagen der Langeweile als Privatmann ändert er seine Meinung und ruft ihn an.

Mayborne bietet ihm an, bei einem streng geheimen Projekt unter seinem Kommando mitzuarbeiten, das sich fremde Technologien ohne Rücksicht auf die Folgen anzueignen versucht. O'Neill stimmt zu und ist ziemlich beeindruckt von den Möglichkeiten, die Mayborne mittlerweile zur Verfügung stehen. So wurde ihm zwar die Kontrolle über das zweite SternenTor auf der Erde entzogen, doch hat er einen Stützpunkt auf einem anderen Planeten angelegt, der über ein Tor verfügt. Auch besitzt er neben vielen anderen Artefakten auch eine Kommunikationskugel der Goa'uld, mit der überlichtschneller Bildkontakt zwischen verschiedenen Welten möglich ist. O'Neill ist einverstanden, das Kommando über ein Team zu übernehmen.

Um sein Verschwinden glaubhaft zu gestalten, erklärt O'Neill General Hammond, dass er sich außerhalb der Erde zur Ruhe setzen möchte, und zwar auf Edora, bei Laira, die er in der vorangegangenen Episode kennen gelernt hat. Hammond erfüllt ihm diesen Wunsch. Von Edora aus reist O'Neill weiter zu Maybornes Stützpunkt, den dieser auf einem anderen Planeten angelegt hat.

Mit seiner neuen Einheit wird O'Neill nach PX3-595 geschickt, um den primitiven Eingeborenen ein Gerät zu stehlen, mit dem man sich unsichtbar machen kann. SG-9 hat zuvor vergeblich versucht, es durch Verhandlungen zu bekommen. Sie bringen das ursprünglich von den Asgard stammende Gerät an sich.

Es ist jedoch problematisch, Beutestücke zu Mayborne auf die Erde zu schicken, da dieser dort über kein SternenTor verfügt. Allerdings besitzt er einen Verbindungsmann im SG-Center. Wenn dessen Einheit zu einer Expedition ausgeschickt wird, reisen Maybornes Leute zuerst dorthin und verstecken ihre Beute in der Nähe des SternenTors. Der Verbindungsmann nimmt das Päckchen dann unauffällig an sich, schmuggelt es zur Erde und übergibt es Mayborne.

So soll es auch diesmal geschehen. Um sich zu bewähren, übernimmt O'Neill selbst diese Aufgabe. Wie vereinbart, legt er das Päckchen ab, doch bevor er zurückkehren kann, wird das SternenTor bereits wieder aktiviert. Er kann sich gerade noch verstecken, ehe SG-1 unter dem neuen Kommando von Makepeace eintrifft. So beobachtet er, wie der Colonel das Gerät an sich nimmt und unter seiner Uniform versteckt.

Während O'Neill zurückkehrt, wird er von dem Asgard Thor beobachtet. Wieder in Maybornes Stützpunkt angelangt, enthüllt O'Neill die Wahrheit: Alles war nur ein abgekartetes Spiel, um Maybornes Organisation zu infiltrieren und auszuschalten. Thor greift den Stützpunkt an; um ihr Leben zu retten, bleibt der Besatzung dort keine andere Wahl, als mit O'Neill durch das SternenTor zum SG-Center zu reisen, wo sie von General Hammonds Leuten in Empfang genommen werden. Makepeace wird wegen Hochverrats verhaftet. Travell, das Regierungsoberhaupt der Tollaner, ist Zeuge der Verhaftung, denn auch die Tollaner waren von Anfang an in alles eingeweiht. Genau wie die Asgard, die Nox und einige andere Völker verdächtigten sie das SG-Projekt, ihnen Technologien gestohlen zu haben, und drohten mit dem Abbruch aller Beziehungen, sodass Hammond zum Handeln gezwungen war. Der Plan ging auf, Maybornes Organisation wurde zerschlagen. Lediglich die anderen Mitglieder von SG-1 wussten nichts davon, damit sie sich möglichst realistisch verhielten.

Bemerkungen:

Die Episode krankt ein wenig daran, dass O'Neills Verhalten am Anfang gegenüber den anderen Mitgliedern von SG-1, vor allem aber gegenüber General Hammond, zu übertrieben wirkt. Man kann seine Argumentation durchaus nachvollziehen, schließlich will er die fremde Technologie nur, damit die Erde sich besser vor den Goa'uld schützen kann. Trotz ihrer unterschiedlichen Meinungen hat er allerdings keinen Grund, dermaßen ausfallend zu werden und seinen bisherigen Freunden nur noch mit Hohn und Spott zu begegnen. So fordert er seinen Ausschluss aus dem Militär geradezu heraus. Zwar ergibt sich später, dass alles ein abgekartetes Spiel war, aber trotz Sympathien für seinen Standpunkt macht er es dem Zuschauer eine Zeit lang schwer, sein Verhalten zu verstehen, geschweige denn zu billigen. Zu früh kann man schon ahnen, dass an der ganzen Aktion irgendetwas faul ist.

Nachdem Colonel Mayborne in Folge 56 „Außerirdische auf dem Vormarsch" einigermaßen sympathisch geschildert wird und mit SG-1 zusammenarbeitet, zeigt er hier wieder seinen wahren Charakter. Die Episode knüpft nicht nur an Folge 57 „Die Tollan-Triade" an, sondern setzt auch Ereignisse aus Folge 33 „Das zweite Tor" fort. Schon dort wurde einem Volk von Maybornes Leuten ein wichtiges Artefakt gestohlen. Damals hatte er heimlich das zweite SternenTor auf der Erde öffnen lassen. Dieses wichtige Instrument wurde ihm genommen, doch wie sich hier herausstellt, hat er trotzdem eine gut funktionierende Organisation aufgebaut, um seine Aktivitäten fortzusetzen. Es wird sich zeigen, ob er sich auch von diesem neuerlichen Schlag erholen kann.

Colonel Makepeace hatte bereits verschiedene Auftritte in der Serie. Er befehligte SG-3, ein nur aus Marines bestehendes Team, das vor allem in brenzligen Situationen oder bei offenen Kampfhandlungen zum Einsatz kam. Dass ausgerechnet er sich als Doppelagent erweist, ist eine ziemliche Überraschung.

Zitate:

Travell: „Unsere Recherchen haben ergeben, dass ihr viel eher unsere Technologie gegen Feinde auf eurem eigenen Planeten einsetzen würdet."

O'Neill: „Und wenn ich mein Wort geben würde, dass so etwas nicht passiert?"

Travell: „Würde sich der gesamte Planet diesem Wort verpflichtet fühlen?"

O'Neill: „Nein."

Travell: „Dann wäre dieses Wort sehr leichtfertig gegeben."

(Als Verhandlungsführer für eine uneinige Erde hat man es nicht leicht...)

O'Neill: „Ich war es, Sir."

Hammond: „Sie waren es?"

O'Neill: „Ja."

Hammond: „Heißt das – gestohlen?"

O'Neill: „Ich würde eher sagen geborgt, Sir."

(General Hammond stellt entsetzt fest, dass O'Neill recht eigenwillige Vorstellungen von mein und dein hat.)

„Um ganz fair zu sein, General, ich war es allein. Carter und Daniel haben protestiert, und Teal'c – tja, er hat zwar nichts gesagt, aber es war klar, dass er gegen meine Aktion war. Das sah ich daran, wie er seine Augenbrauen..."

(O'Neill versucht seine Begleiter zu schützen, als Hammond dem gesamten Team wegen des Diebstahls mit dem Kriegsgericht droht.)

Carter: „Sir, bei allem Respekt, Sie wirken irgendwie völlig verändert."

O'Neill: „Nein, Carter. Ich habe mich immer nur verstellt, solange Sie da waren. Jetzt bin ich einfach nur ich selbst."

(O'Neill bemüht sich wirklich, alte Freundschaften zu erhalten.)

Mayborne: „Darf ich reinkommen?“

O’Neill: „Nein. Ich bin Gott sei Dank nicht mehr verpflichtet, mir Ihren Müll anzuhören.“

(Der Abschied vom Militär hat für O’Neill auch Vorteile.)

FOLGE 61: TÖDLICHER VERRAT
OT: NEW GROUND

Drehbuch: *Heather E. Ash*
Regie: *Chris McMullin*

Gaststars:
Nyan – Richard Ian Cox
Rigar – Daryl Shuttleworth
Mallin – Jennifer Copping
Dr. Fraiser – Teryl Rothery

Inhalt:
Auf dem Planeten P2X-416 stößt der Achäologe Nyan mit seiner Begleiterin Mallin bei Ausgrabungen auf ein seltsames ringförmiges Gebilde aus Metall in einer Felswand. Gemeinsam meißeln sie es aus dem Gestein heraus. Es handelt sich um ein SternenTor. Kaum haben sie es freigelegt, rasten die Klammern plötzlich ein, das Vortex bildet sich, und das Transportfeld baut sich auf.

Auf der Erde berichtet Sam General Hammond, dass man bei diesem Planeten gerade Erfolg mit der Etablierung eines Wurmlochs gehabt habe. Sie erklärt, dass sie mit einem Zufallsprogramm regelmäßig versucht, solche SternenTore zu öffnen, bei denen dies bislang unmöglich war, weil das entsprechende Tor verschüttet oder durch sonst etwas außer Betrieb gesetzt wurde. Erstmals hat sie jetzt damit Erfolg gehabt.

Über eine hindurchgeschickte Sonde nimmt Daniel Kontakt zu Nyan auf, der über das elektronische Ungetüm zunächst sehr erschrocken ist. Noch mehr ist allerdings Mallin entsetzt. Sie glaubt nicht, dass sie das aus Legenden bekannte Tor zu anderen Welten tatsächlich gefunden haben, hält alles für einen Trick der sogenannten

Optrikaner. Sie läuft davon, um die anderen ihres Volkes zu warnen.

Obwohl kein Rückkehrwahlgerät zu entdecken ist, reist SG-1 nach P2X-416. Das Team nimmt einen Naquadah-Reaktor mit, um das Tor damit manuell aktivieren zu können. Nyan erzählt ihnen von einer Legende der Optrikaner, der zufolge einst Menschen von Außerirdischen durch das SternenTor auf diese Welt verschleppt wurden. Vor etwa zweitausend Jahren wurde Bedrosia, der Kontinent, auf dem sie sich befinden, von heftigen Erdbeben und Vulkanausbrüchen erschüttert, wobei das Tor verschüttet wurde. Durch puren Zufall hat Nyan es bei seinen Ausgrabungen entdeckt.

Außer Bedrosia gibt es noch den Kontinent Optrika. Die Bewohner der beiden Erdteile sind seit langem verfeindet. Den Optrikanern ist das SternenTor heilig, und daher erheben sie Anspruch auf Bedrosia. Die Bedrosianer hingegen halten das alles für eine Legende und glauben, dass sich das Leben hier auf ganz natürliche Weise entwickelt hat, sodass sie den Anspruch auf den von ihnen besiedelten Kontinent zurückweisen. Aus diesem Grunde herrscht Krieg zwischen den zwei Völkern.

Flugobjekte der Bedrosianer nähern sich. Ihre Technik ist der irdischen überlegen. Mit einem Kraftfeld wird SG-1 gefangen gesetzt, nur Teal'c kann zusammen mit Nyan fliehen, wird aber durch einen Schußwechsel mit einem bedrosianischen Soldaten blind. Man glaubt O'Neill und den anderen nicht, dass sie von einer anderen Welt kommen, sondern hält sie für Optrikaner. Die Bedrosianer weigern sich, eine andere Möglichkeit auch nur in Betracht zu ziehen, weil sonst ihr gesamtes Weltbild in sich zusammenbrechen würde. Vor allem Rigar, der Oberbefehlshaber der bedrosianischen Soldaten, erweist sich als ein besonders dogmatisch eingestellter Sturkopf.

Nyan führt Teal'c zu einer versteckten Höhle und verlässt ihn dann, um Verpflegung und Arzneimittel zu holen.

Rigar befiehlt, in der Nähe des angeblichen Sternen-Tores weitere Grabungen durchzuführen. Dabei wird das Kontrollelement freigelegt. Allerdings wird auch einer seiner Soldaten tot aufgefunden. Er glaubt, dass der entkommene Fremde dafür verantwortlich ist.

Nyan gelingt es, Teal'cs Sehvermögen zumindest vorübergehend zu regenerieren. Sie wollen die anderen befreien, da ihnen klar ist, dass Rigar diese töten wird, sobald er alles von ihnen erfahren hat, was er wissen will. Derzeit beschränkt dieser sich noch darauf, sie mit Elektroschocks zu foltern, als er plötzlich aufgeregt ins Freie gerufen wird.

Fassungslos muss er mitansehen, wie das SternenTor von außen aktiviert wird. Trotzdem beharrt er darauf, dass dieses nur ein Trick sei. Über Funk versucht General Hammond, mit SG-1 Kontakt aufzunehmen. Stattdessen meldet sich jedoch Rigar, der sich weigert, ihn mit O'Neill sprechen zu lassen. Im Falle eines Rettungsversuches droht er, seine Gefangenen zu töten. Zur Sicherheit will er sie an einen sicheren Ort verlegen und fordert einen Transporter an.

Da das Gebiet um das SternenTor immer noch durch das Kraftfeld geschützt wird, das nur mit einem Fahrzeug der Bedrosianer zu durchdringen ist, beschießen Teal'c und Nyan den Transporter und zwingen ihn zum Stillstand. Es gelingt ihnen, die Soldaten zu betäuben und das Fahrzeug in ihre Gewalt zu bringen. Damit durchdringen sie das Kraftfeld.

Während Teal'c sich ein Feuergefecht mit den Soldaten liefert, gelingt es Nyan, O'Neill und die anderen zu befreien. Daniel aktiviert das SternenTor, und sie können gemeinsam zur Erde fliehen. Da es für Nyan auf P2X-416 keine Zukunft mehr gibt, begleitet er sie und bekommt auf der Erde Asyl gewährt. Daniel bietet ihm an, er könne fortan als Forschungsassistent für ihn arbeiten und ihm bei der Untersuchung und Katalogisierung der auf anderen Planeten gemachten Fundstücke helfen.

Bemerkungen:

Es ist ausgesprochenes Pech für SG-1, dass sich das SternenTor auf dem falschen Kontinent von P2X-16 befindet. Wäre das Team bei den Optrikanern herausgekommen, wäre es ihnen sicherlich bedeutend besser ergangen.

Dass die eigentlich nur wissenschaftlich bedeutsame Frage, ob die Menschen auf P2X-416 einst von Außerirdischen hierher gebracht wurden oder sich von selbst entwickelten, bei einer technologisch so weit fortgeschrittenen Zivilisation Grund für einen Jahrtausende währenden Krieg sein soll, ist nur schwer nachvollziehbar, selbst wenn man es zu einem Religionskrieg hochstilisiert. Anzunehmen ist eher, dass es sich um einen vorgeschobenen Grund handelt, und der Krieg sich irgendwann verselbstständigt hat. Hier wird eine nicht unbedingt überzeugende Ausgangssituation für die Handlung geschaffen.

Auch ist die Auflösung eines Handlungsfadens im Laufe der Geschichte völlig vergessen worden. Mitten im Camp der Bedrosianer findet man die Leiche eines Soldaten. Dies bewegt Rigar zu einem härteren Vorgehen gegenüber seinen Gefangenen. Es ist anzunehmen, dass der Tote auf das Konto eines echten optrikanischen Spions in den Reihen der Bedrosianer geht, doch wird dies überhaupt nicht mehr aufgelöst. Wer den Soldaten tatsächlich umgebracht hat, fällt völlig unter den Tisch.

Obwohl man weiß, dass SG-1 nichts geschehen wird, ist die Episode ansonsten ziemlich spannend, und auch das Ende ist ungewöhnlich. Es fehlt die versöhnliche

Grundstimmung anderer Folgen. Anders als sonst üblich, werden in dieser Folge die Konflikte nicht beigelegt. Normalerweise erkennen die anderen, dass sie im Unrecht waren. Hier beharren die Bedrosianer auf ihrer Vermutung, dass alles nur ein Trick optrikanischer Spione sei, so dass SG-1 sich den Weg freikämpfen muss.

In Zukunft wird man P2X-416 wohl meiden, obwohl ein Wissensaustausch mit den Bewohnern dieser Welt sicherlich von Vorteil wäre. Auch hat man so leider keine Möglichkeit, mit den Optrikanern Kontakt aufzunehmen. Es ist anzunehmen, dass sie über eine den Bedrosianern gleichwertige Technologie verfügen, und sie wären, wie schon eingangs erwähnt, sicherlich sehr erfreut zu erfahren, dass ihre Theorien über ihre Herkunft sich als richtig erwiesen haben.

Vor Jahrtausenden wurden zahlreiche Menschen von den Goa'uld von der Erde veschleppt und auf anderen Welten ausgesetzt. In den bisherigen Fällen, wenn SG-1 auf menschliche Nachfahren traf, befanden diese sich auf einer deutlich niedrigeren Zivilisationsstufe als die Menschen auf der Erde der Gegenwart. Häufig haben sie sich in den seither verstrichenen Jahrtausenden sogar überhaupt nicht weiterentwickelt. Gerade in den ersten Episoden gelangte SG-1 immer wieder auf Welten, auf denen die Menschen noch so wie damals lebten. Dadurch waren die Reisen durch das SternenTor zunächst wie Ausflüge in die antiken Kulturen der Erde.

Hier jedoch trifft man auf eine Zivilisation, die sich deutlich weiterentwickelt und zumindest waffentechnisch die Erde sogar überflügelt hat. Um so bedauerlicher ist es, dass damit nicht auch eine geistige Reife einher ging, sonst hätte man hier einen wichtigen Verbündeten für den Kampf gegen die Goa'uld gewinnen können. Die bedrosianischen Waffen, die stark an die Stablanzen der Jaffa erinnern, erzeugen interessante optische Effekte, wesentlich beeindruckender als die sonst üblichen Energieblitze, die beim Einschlag eine kleine Explosion verursachen.

Auf welchen Verrat sich der deutsche Titel bezieht, bleibt das Geheimnis derjenigen, die dafür verantwortlich sind.

Zitate:

„Diese Art psychologischer Kriegführung, die Simulation der Tor-Legende der Optrikaner um die Basis unseres Glaubens zu erschüttern, wird keinen Erfolg haben."

(Rigar weigert sich daran zu glauben, dass seine Gefangenen wirklich durch das SternenTor gekommen sind.)

„Ich bin sicher, denn ich will nicht zu einem Gott gebetet haben, der nicht existiert. Keiner von uns soll sein Leben in einem sinnlosen Krieg verloren haben."

(Wenn sich die Realität nicht mit den eigenen Vorstellungen deckt, muss man die Wahrheit eben verleugnen, wie es Rigar hier vormacht.)

Rigar: „Wurmloch?"

O'Neill: „Gigantische Würmer. Riesig."

(O'Neill ist genau der Richtige, ein wissenschaftlich so komplexes Thema wie die Funktionsweise eines SternenTores zu erklären.)

FOLGE 62: HARSESIS RETTUNG
OT: MATERNAL INSTINCT

Drehbuch: *Robert C. Cooper*
Regie: *Peter Woeste*

Gaststars:
Bra'Tac – Tony Amendola
Mönch – Terry Chen
Moac – Aaron Douglas
Dr. Fraiser – Teryl Rothery

Inhalt:

Zusammen mit einem schwer verletzten anderen Jaffa kommt Bra'Tac, Teal'cs früherer Lehrmeister, durch das SternenTor zur Erde. Er berichtet, sein Heimatplanet Chulak sei von Apophis als Rache für den dortigen Aufstand angegriffen und verwüstet worden. Der Systemlord habe die Explosion von Sokars Schiff überstanden (s. Folge 55 „Apophis Rückkehr") und würde dessen extrem schlagkräftige Armee kontrollieren. Nur er, Bra'Tac, und sein Schüler Moac konnten fliehen, doch gelingt es Dr. Fraiser nicht, Moacs Leben zu retten.

Bra'Tac berichtet, dass Apophis' Krieger mit unglaublicher Brutalität vorgegangen seien und auch die getötet hätten, die ihm treu ergeben gewesen wären. Apophis hätte den Planeten auch vom Weltraum aus angreifen können, doch stattdessen habe er Truppen abgesetzt. Es schien fast so, als ob er nach etwas gesucht habe. Daniel begreift, dass es sich dabei nur um den Harsesis handeln kann, das Kind, das Apophis mit Amaunet alias Sha'uri gezeugt hat.

Aufgrund der unterschwelligen Botschaft, die Sha'uri Daniel unmittelbar vor ihrem Tod zukommen ließ (s. Folge 52 „Sha'res Tod"), weiß dieser, dass sich das Kind an einem mythischen Ort namens Kheb befindet. Bra'Tac erzählt, dass dieser Ort angeblich schon vor langer Zeit von einigen Jaffa entdeckt und vor den Goa'uld geheim gehalten wurde. Wenn sie zu alt wurden, um noch einen Symbionten zu tragen, machten sie sich auf den Weg nach Kheb, damit ihre Seele dort wiedergeboren würde.

Leider kennt auch er nicht die SternenTor-Adresse dieser Welt, und Daniel kann nur ergänzen, dass auch er nicht mehr darüber wisse, als dass sich den Legenden zufolge Osiris dort einst vor Seth versteckte. Bra'Tac wird hellhörig und erwähnt, dass man sich bei den Jaffa diese Geschichte anders erzählen würde. Osiris Versteck habe irgendwo in einer bestimmten Gruppe von Planeten gelegen, deren Ressourcen bereits durch Raubbau erschöpft wurden.

Im Computer des SG-Centers findet Bra'Tac diese Adressen. Eine davon stammt nicht aus der Goa'uld-Kartusche, die die Menschen auf Abydos fanden, sondern aus der uralten Originalkarte, in der alle existierenden SternenTore verzeichnet sind. An diese gelangte das SG-Team, als O'Neills Gehirn von einer Hinterlassenschaft ihrer Erbauer, der Antiker, verändert wurde (s. Folge 36 „Die fünfte Spezies"). Da dies der einzige in diesem Bereich gelegene Planet ist, der von den Goa'uld nicht in ihrem Verzeichnis aufgeführt wurde, handelt es sich vermutlich um Kheb.

Zusammen mit Bra'Tac und verstärkt durch SG-2 begibt sich SG-1 nach Kheb. Anhand von Spuren in der Nähe des SternenTores erkennt Teal'c, dass erst vor kurzer Zeit Jaffa dort gewesen sind. Während SG-2 das SternenTor bewacht, machen die anderen sich auf den Weg zu einem abgelegenen Tempel. Unterwegs entdecken sie Spuren eines Kampfes. Im Wald entdecken sie die etwa zwei Tage alte Leiche einer Frau, offenbar eine Priesterin, aber auch die völlig verkohlten Leichen der Jaffa. Die Priesterin trug ein Kind auf den Armen, vermutlich den Harsesis. Nach ihrem Tod wurden die Krieger von einer unbekannten Waffe getötet. Nichts deutet darauf hin, was aus dem Kind wurde. Somit hat also auch Apophis Kheb entdeckt. Es ist zu befürchten, dass er weitere Truppen schicken wird, um das Kind in seine Gewalt zu bringen.

SG-1 erreicht den Tempel. Im Inneren werden sie von einem asiatischen Mönch willkommen geheißen, der sich ziemlich verschwommen und esoterisch ausdrückt, und dabei hauptsächlich spirituelle Bildnisse verwendet. Er spricht viel von der Seele, von geistiger Reinigung, von der Sonne, dem Wind und dergleichen mehr, gibt aber keine klaren Antworten auf klare Fragen, womit er vor allem O'Neill fast zur Verzweiflung treibt. Aussagen wie „Eine Schneeflocke kann in einem Feuer nicht überleben“ oder „Wer Harmonie sucht, der findet alles“, sind nicht sonderlich hilfreich.

Lediglich Daniel ist bereit, sich intensiver auf den Mönch und den Pfad der Erleuchtung, den dieser ihm weisen will, einzulassen. Der Mönch erklärt ihm, er müsse Oma Desala vertrauen, die alles durchdringen würde. Daniel begreift, dass dies eine andere Bezeichnung für Mutter Natur ist. Der Mönch bringt ihm bei, durch pure Konzentration eine Kerzenflamme zu entzünden und Gegenstände zu bewegen, erkundigt sich aber auch immer wieder, warum Daniel das Kind sucht. Dieser antwortet, es handele sich um den Sohn seiner Frau, und er habe ihr versprochen, sich darum zu kümmern. Allerdings gesteht er auch ein, dass es durch sein Wissen eine Waffe gegen die verhassten Goa'uld sei. Der Mönch fragt ihn, ob er glaube, dass das Kind bei ihm wirklich sicher wäre, und behauptet, dass sein Hass es töten würde. Er müsse lernen zu glauben und zu vertrauen.

Daniel findet immer mehr Hinweise darauf, dass der Tempel von einer außerirdischen Rasse erbaut wurde, die auch einst die Erde besuchte und verschiedene Mythologien inspirierte. Allerdings glaubt er nicht, dass der Mönch zu dem außerirdischen Volk gehört; er verwaltet eher ihr Erbe und soll anderen, die nach Erleuchtung suchen, den Weg weisen.

Ein Raumschiff von Apophis landet und setzt Hunderte von Jaffa ab. Ihnen läuft die Zeit davon. O'Neill mahnt zur Eile. Er will den Tempel auch ohne Einwilligung des Mönchs durchsuchen, doch Daniel kann ihn davon abbringen, indem er ihm seine neuen Fähigkeiten demonstriert. Er glaubt, sie seien ihm vermittelt worden, damit er das Kind schützen kann.

Eine Leuchterscheinung weist ihm den Weg in einen verborgenen Raum, in dem er das von einer schemenhaft leuchtenden Frau bewachte Kind findet.

Die Jaffa nähern sich dem Tempel. O'Neill erteilt SG-2 den Auftrag, zur Erde zurückzukehren, um General Hammond um Verstärkung zu bitten. Er und die anderen bereiten sich auf eine gewaltsame Verteidigung des Tempels vor.

Daniel will das Kind mitnehmen, doch plötzlich begreift er, dass er es gar nicht war, der mittels Telekinese die Gegenstände bewegt hat, sondern die Frau. Er hat den Mönch missverstanden, dieser sprach nicht von der Natur. Die Frau ist Oma Desala, die letzte noch hier verbliebene Außerirdische. Sie wollte ihm zeigen, dass der Junge bei ihr besser aufgehoben ist. Er sollte nicht lernen, auf die Kräfte der Natur zu vertrauen, sondern auf Oma Desalas Macht. Auch wenn es ihm schwer fällt, lässt Daniel das Kind in ihrer Obhut.

Unheimliche Energiephänomene ballen sich über dem Tempel zusammen. Der Mönch will den Jaffa den Zutritt verweigern, wird jedoch von ihnen niedergeschossen. Die Situation droht zu eskalieren. Daniel tritt ins Freie und beschwört seine Begleiter, ihre Waffen niederzulegen. Die außerirdische Frau werde verhindern, dass ihnen etwas passiert. Schließlich tun sie, was er von ihnen verlangt.

Die Jaffa schießen auf sie, doch die tödlichen Energien verpuffen wirkungslos. Gleichzeitig zucken grelle Blitze vom Himmel, töten die Jaffa und lassen nur ihre verkohlten Leichen zurück; die Strafe dafür, dass sie Gewalt an diesen Ort des Friedens gebracht haben.

Die Außerirdische zeigt sich ihnen ein letztes Mal. Da die Goa'uld nun wissen, wo sich der Junge befindet, bringt sie ihn an einen anderen geheimen Ort.

Bemerkungen:

Endlich wird die Handlung um das Harsesis-Kind, welches das gesamte Wissen der Goa'uld in sich birgt, weitergeführt und zu einem zumindest vorläufigen Abschluss gebracht, auch wenn Daniel weiß, dass er Oma Desala (ein Name, dessen erster Teil im Deutschen ziemlich unpassende Assoziationen hervorruft, aber dafür kann der amerikanische Drehbuchautor ja nichts) und das Kind eines Tages wiedersehen wird.

Auch über das Schicksal von Apophis erfährt man mehr, obwohl er leider in dieser Episode nicht selbst auftaucht. Zwar führten unmittelbar vor der Zerstörung von Netu zwei Transporte von Sokars Schiff zur Oberfläche des Planeten, dennoch scheint Sokar die Explosion nicht überlebt zu haben. Anders ist kaum zu erklären, wie es Apophis gelungen ist, den Oberbefehl über dessen Armee und Flotte zu übernehmen. Würde Sokar noch leben, dürfte es ihm in seinem eigenen Machtzentrum keinerlei Mühe bereitet haben, Apophis zu besiegen. Nachdem dieser kurz zuvor versucht hat, ihn zu töten, dürfte auch eine Allianz zwischen beiden recht unwahrscheinlich sein. Bedauerlicherweise erfährt man darüber nichts, es stellt nicht einmal jemand eine entsprechende Frage.

Bei Kheb handelt es sich um ein streng gehütetes Geheimnis, viele halten die Existenz dieses Ortes sogar nur für einen Mythos. Dennoch findet man binnen kürzester Zeit die Koordinaten dieser Welt heraus, was nicht besonders glaubhaft erscheint, zumal es auf eine äußerst simple Art geschieht. Daniel kombiniert einfach eine Überlieferung der Jaffa mit einer alten irdischen Legende, und schon weiß man, um welche Welt es sich handelt. Kheb wird als ein spiritueller Ort beschrieben, doch wird das Spirituelle und Esoterische stellenweise übertrieben. Amüsant sind lediglich O'Neills Reaktionen darauf, vor allem, als Daniel ihm seine vermeintlichen neuen Kräfte demonstriert.

Der Tempel wurde von einer bislang unbekannten Rasse erbaut, von der eine Vertreterin noch zurückblieb. Damit wird ein weiteres außerirdisches Volk in die Handlung eingeführt, über das man kaum etwas erfährt. Oma Desala ist ein Energiewesen und besitzt gewaltige Kräfte, mehr wird über sie nicht verraten.

Die Episode wirft mehr Fragen auf, als sie beantwortet. Sieht man von dem eher langweiligen Mittelteil um die Gespräche mit dem namenlosen Mönch ab, ist sie dennoch recht gelungen, obwohl man wesentlich mehr daraus hätte machen können. Vor allem die Bedrohung durch die Jaffa wird leider ziemlich überhastet abgehandelt und kann kaum Spannung erzeugen. Hier wurden viele Möglichkeiten verschenkt.

Zitate:
„Dieser verdammte Mistkerl!"
(O'Neill stößt die wahrhaft schlimmsten Flüche gegen Apophis aus, als er erfährt, dass dieser noch lebt.)

„Der ist gut."
(O'Neill über Bra'Tac, nachdem dieser aufgrund von Fußspuren haargenau rekonstruiert, was sich zugetragen haben muss.)

Bra'Tac: „Ich glaube er wünscht, dass wir unsere Stiefel ausziehen."
O'Neill: „Ähm, hör zu, wir sind heute viel marschiert, und..."
Mönch: „Eure Reise steht am Anfang."
O'Neill: „Ich wollte damit nur sagen, dass ich allen einen großen Gefallen tue, wenn ich die Dinger anbehalte."
(Da freut man sich, dass es kein Duftfernsehen gibt.)

Daniel: „Welcher Religion er auch folgt, es ist möglicherweise die Grundlage des Buddhismus auf der Erde."
O'Neill: „Ist ja ganz nett. Ich rufe gleich den Dalai Lama an, wenn ich zu Hause bin."
(O'Neill kann mit Zen-Buddhismus und dem Gerede des Mönchs nicht besonders viel anfangen.)

Daniel: „Das dürfte eine Weile dauern."
O'Neill: „Wirklich? Wie kommen Sie darauf, Daniel?"
(Die Aussagen des Mönchs geben wenig Hoffnung, dass man das Kind schnell finden wird.)

„Ich bin noch nicht bereit, aufzugeben. Ich fühle mich lebendig, Teal'c, wie ein junger Mann von achtzig. Wir müssen noch falsche Götter vernichten."
(Bra'Tac verzichtet doch lieber auf eine Wiedergeburt als höheres Wesen, die voraussetzt, dass er zunächst seine körperliche Existenz aufgibt und stirbt.)

FOLGE 63: DER KRISTALLSCHÄDEL
OT: CRYSTAL SKULL

Drehbuch: *Brad Wright*
Regie: *Martin Wood*

Gaststars:
Nick Ballard – Jan Rubes
Dr. Fraiser – Teryl Rothery
Robert Rothman – Jason Schombing

Inhalt:

Die ferngesteuerte Aufklärungssonde liefert dem SG-Center von einem anderen Planeten das Bild einer gewaltigen, mehr als tausend Meter hohen Pyramide nach Bauart der Mayas. Im Inneren des Bauwerks zeigt sie einen auf einem Podest ruhenden Kristallschädel, dessen Anblick Daniel in helle Aufregung versetzt. Er berichtet, sein Großvater, Nick Ballard, habe einen gleichartigen Schädel vor mehr als zwanzig Jahren in einer Pyramide im mittelamerikanischen Belize entdeckt. Ballard zufolge habe ein Blick in die Augen des Schädels ihm die Fähigkeit verliehen, Aliens zu sehen – doch niemand glaubte ihm.

Hammond genehmigt eine Expedition von SG-1 zu der Pyramide, doch bleibt dem Team wenig Zeit, da dort eine hohe Strahlung herrscht. Daniel blickt in die Augen des Schädels, der plötzlich von innen heraus zu leuchten beginnt. Gleichzeitig steigt die Strahlung sprunghaft an. Die Funken greifen auch auf Daniel über, der wie in Trance ist und nicht mehr auf Zurufe reagiert. Teal'c schießt auf den Schädel. Daniel bricht bewusstlos zusammen und wird im gleichen Moment für die anderen unsichtbar. Es bleibt jedoch keine Zeit herauszufinden, was mit ihm passiert ist, da das Team vor der Strahlung fliehen muss. Einzig

Teal'c übersteht sie aufgrund seines Symbionten unbeschadet.

Da der Schädel Ballard zufolge eine Art Teleportationsgerät darstellte, wird Teal'c noch einmal zu der Pyramide geschickt, um ihn zu holen. Man hofft, durch Experimente herauszufinden, wohin es Daniel verschlagen hat. Er ist jedoch gar nicht verschwunden, sondern nur in eine andere Quanten-Realitätsphase versetzt worden, eine Art andere Dimension. Er versteht nicht, wieso Teal'c ihn nicht sehen und hören kann. Schlimmer noch, der Jaffa geht geradewegs durch ihn hindurch, ohne einen Widerstand zu spüren, ergreift den Schädel und macht sich auf den Rückweg. Daniel kann ihm gerade noch rechtzeitig folgen und ebenfalls durch das SternenTor zur Erde zurückkehren. Dort führt er eine Existenz wie ein Geist. Niemand nimmt ihn wahr, und er kann jede feste Materie durchdringen.

Dr. Rothman, der bereits kurzzeitig als Ersatz für Daniel bei SG-1 einsprang (s. Folge 52 „Sha'res Tod"), wird mit der Untersuchung des Schädels beauftragt, stellt sich dabei aber nicht gerade geschickt an. Er kann an dem Schädel nichts Besonderes entdecken. Daniel sieht dem Ganzen hilflos zu, ist aber nicht in der Lage, irgendwelche Hinweise zu geben.

Sam schlägt vor, Kontakt mit Nick Ballard aufzunehmen. Nach dem Misserfolg mit dem Schädel hat dieser sich freiwillig in eine Nervenheilanstalt begeben, wo er nun schon seit über zwanzig Jahren lebt. Das Team sucht ihn dort auf, da es hofft, nützliche Informationen von ihm zu erhalten. Allerdings gab es stets Spannungen zwischen Daniel und seinem Großvater, wahrscheinlich gerade deshalb, weil sie sich so ähnlich sind. Ballard kann nicht verstehen, wie sein Enkel seinen Forschungsauftrag und seinen guten Ruf für die absurde Behauptung, die ägyptischen Pyramiden seien von Außerirdischen erbaut worden, aufgeben konnte. Als Gegenleistung für die Preisgabe seiner Informationen verlangt er, dass man ihm den Schädel zeigt.

Da man Ballard allgemein für verrückt hält und ihm ohnehin niemand glauben würde, wenn er etwas über seinen Besuch im SG-Center erzählen würde, gibt General Hammond nach einigem Zögern die Erlaubnis. Ballard wird zur Basis gebracht, wo man ihm den Schädel zeigt.

Er erklärt, dass es der gleiche sei wie der, den er damals entdeckte. In dem Maya-Tempel von Belize habe ihn ein leuchtendes Energiefeld umgeben, und er sich mit einem Mal an einem anderen Ort befunden. Als man ihm Bilder aus dem Inneren der riesigen Pyramide zeigt, bestätigt er, dass dies dieser Ort sei. Dort seien die Außerirdischen zu ihm gekommen. Er bezeichnet sie als Giganten, weil sie so riesig waren. In der Sprache der Maya hätten sie zu ihm gesagt: „Der Feind meines Feindes ist mein Freund". Kurz darauf habe er sich wieder in dem Tempel von Belize befunden. Als ein Erdbeben einsetzte, habe er sich gerade noch den Schädel schnappen und ins Freie laufen können, dann stürzte der Tempel ein.

Besonders erhellend ist Ballards Bericht nicht. Er wird in ein Quartier gebracht. Daniel folgt ihm und findet heraus, dass sein Großvater ihn aufgrund seiner früheren Begegnung mit den Giganten hören und sehen kann. Allerdings hält er Daniel für eine Wahnvorstellung, eine Erscheinung, da er gesehen hat, wie dieser durch eine geschlossene Tür ging. Daniel kann ihn jedoch letztendlich überzeugen, dass er real ist.

Als er Hammond und den anderen von SG-1 erzählt, dass Daniel bei ihm sei, zweifeln sie zu Anfang an seinen Worten. Doch als er von Dingen erzählt, die er tatsächlich nur von Daniel erfahren haben kann, beginnen sie ihm zu glauben. Er drängt darauf, dass sie noch einmal zu der

Pyramide zurückkehren und den Schädel seine Arbeit beenden lassen. Der Prozess war durch Teal'cs Beschuss gestoppt worden, weshalb Daniel in einem Zwischenstadium hängen blieb.

Hammond gibt die Erlaubnis zu einer weiteren Expedition. Da Ballard die Giganten unbedingt noch einmal sehen möchte, behauptet er zu Daniels Ärger, dass dieser behauptet habe, dass er unbedingt mitkommen müsse, damit alles funktioniere. Auch das wird genehmigt.

Sie reisen wieder zu der Pyramide und stellen den Schädel zurück auf sein Podest. Erneut beginnt dieser zu leuchten. Diesmal hüllen die Funken sie alle bis auf Teal'c ein. Vor dessen Augen werden sie unsichtbar. Dafür können sie nun alle wieder Daniel sehen.

Ein riesiges, humanoides Wesen, das ganz aus Nebel zu bestehen scheint, erhebt sich aus der Tiefe neben dem Podest. Wieder spricht der Gigant vom Feind seines Feindes, der sein Freund sei. Daniel vermutet, dass Teal'c aufgrund seines Symbionten nicht in die Phasenverschiebung einbezogen wurde. Anscheinend sind mit den Feinden die Goa'uld gemeint, und er bestätigt, dass auch sie deren Feinde seien. Daraufhin werden sie von dem Giganten willkommen geheißen. Daniel sagt, sie seien Forscher. Sie würden die Außerirdischen gerne näher kennen lernen und Wissen mit ihnen austauschen.

Der Gigant ist damit einverstanden und wählt Nick Ballard als Vermittler zwischen ihren Kulturen aus. Nick soll eine Zeit lang bei ihnen bleiben, zumal er schon einmal hier gewesen ist. Daniel versucht, seinen Großvater davon abzubringen. Er will einen Spezialisten schicken, doch Ballard besteht darauf, diese Aufgabe selbst zu erfüllen. Er habe zwanzig Jahre lang auf diese Chance gewartet, sie sei die Krönung seines Lebens. Die anderen verabschieden sich von ihm und blicken erneut in die Augen des Schädels, woraufhin sie – einschließlich Daniel – in ihre normale Realitätsphase zurückversetzt werden.

Bemerkungen:

Die Episode ist kurzweilig und nett anzusehen, obwohl sie wenig Spannung enthält. Im Gegensatz zu dem Rest von SG-1 weiß der Zuschauer von Anfang an, dass Daniel nicht an einen anderen Ort teleportiert wurde, sondern nur unsichtbar geworden ist, und dass ihm keine Gefahr droht. So, wie die Folge konzipiert wurde, ist dies allerdings unumgänglich, da sie ihren Unterhaltungswert hauptsächlich daraus bezieht, dass Daniel unbemerkt Zeuge von allem wird und die Geschehnisse kommentiert (obwohl er sonst eigentlich nicht zu Selbstgesprächen neigt).

Man erfährt, dass seine Eltern starben, als er acht Jahre alt war, und man lernt seinen Großvater kennen. Obwohl Nick Ballard die letzten zwanzig Jahre freiwillig in einer Nervenheilanstalt verbracht hat, ist er geistig äußerst rege. Auch seine Behauptungen über die Außerirdischen, aufgrund derer man ihn ausgelacht und für verrückt erklärt hat, erweisen sich als wahr. Insgesamt ist er Daniel ziemlich ähnlich. Beide besitzen denselben Forschungseifer, der bis zur Besessenheit reichen kann, und sie scheuen sich nicht, ihre Karriere für gewagte Hypothesen zu riskieren. Gerade aufgrund dieser Ähnlichkeit haben sie sich lange Zeit jedoch nicht gut verstanden. Daniel glaubte seinem Großvater die Geschichte von den Außerirdischen nicht, dieser wiederum konnte nicht verstehen, wieso sein Enkel wegen der Behauptung, die ägyptischen Pyramiden seien von Außerirdischen erbaut worden, seinen Forschungsauftrag aufgab.

Erst jetzt kommt es zu einer langsamen Annäherung zwischen den beiden, und es zeigt sich, wie sehr sie einander im Grunde doch mögen.

Die Geschichte um den von Ballard in Belize entdeckten Schädel ist allerdings äußerst nebulös. So bleibt unklar, ob es in dem Maya-Tempel ein SternenTor gab, oder ob der Schädel selbst ihn auf die fremde Welt versetzt hat, obwohl er später nur eine Phasenverschiebung auslöst, aber keinen räumlichen Transport. Auch wird mit keinem Wort darauf eingegangen, was aus dem damals entdeckten Schädel geworden ist, oder wie dieser – falls es sich um ein und dasselbe Exemplar handelt – in die Pyramide zurückgelangte.

Auch sonst stellt sich eine Reihe von Fragen. Warum eigentlich sinkt Daniel nicht auch durch den Boden, während er sonst jede Materie durchdringt?

Die Begegnung mit den Giganten am Schluss wird leider ziemlich kurz abgehandelt. Man erfährt fast nichts über sie, außer dass sie in einer anderen Quantenphase leben und deshalb normalerweise unsichtbar sind, wodurch sie zu einem wertvollen Verbündeten gegen die auch mit ihnen verfeindeten Goa'uld werden könnten. Es bleibt zu hoffen, dass sie in der Serie noch einmal auftauchen.

Dem Nachspann kann man entnehmen, dass der außerirdische Gigant als der altmexikanische Gott Quetlzecoatl bezeichnet und von Christopher Judge, dem Darsteller des Teal'c, gesprochen wird.

Zitate:

„Der große Entdecker und nicht so großartige Großvater Nicholas Ballard."

(Daniel erzählt von familiären Unstimmigkeiten)

„Stellen Sie sich mal vor, das Ding zu beheizen."

(Während die anderen von den gewaltigen Ausmaßen der Pyramide beeindruckt sind, denkt O'Neill in erster Linie praktisch.)

„Napoleonischer Machtzwerg!"

(Es gefällt O'Neill gar nicht, dass Dr. Fraiser anordnet, er müsse nach seiner Strahlenverseuchung einige Zeit im Bett bleiben.)

O'Neill: „Das reicht mir jetzt, hier herumzuliegen."

Teal'c: „Doktor Fraiser hält dich noch nicht für stark genug für eine solche Mission."

O'Neill: „Ach ja, natürlich."

Teal'c: „Normalerweise hat Doktor Fraiser damit auch Recht."

(Als O'Neill entgegen Fraisers Anordnung doch aus dem Bett steigt, bricht er vor Schwäche prompt zusammen, was Teal'c mit der ihm eigenen stoischen Art kommentiert.)

FOLGE 64: NEMESIS, TEIL 1
OT: NEMESIS

Drehbuch: *Brad Wright*
Regie: *Martin Wood*

Gaststars:
Major Davis – Colin Cunningham
Techniker – Gary Jones

Inhalt:

SG-1 hat eine Woche Urlaub, den jeder aus dem Team anders verbringt. Daniel hat das Pech, dass er nach einer Blinddarmoperation die Woche auf der Krankenstation verbringen muss, Teal'c besucht seinen Sohn, O'Neill möchte zum Angeln fahren, und Sam bastelt an ihrem Naquadah-Reaktor. O'Neill versucht sie zu überreden, ihn stattdessen zu begleiten, doch sie ist viel zu begeistert von ihren Forschungen.

Aber auch er kommt nicht dazu, seine Pläne in die Tat umzusetzen. Vor Sams Augen wird er plötzlich von einem grellen Licht eingehüllt und verschwindet. Er ist von einer Transportvorrichtung der Asgard an Bord von Thors Schiff versetzt worden.

Sam löst sofort Alarm aus. Eine Botschaft wird durch das SternenTor an Teal'c geschickt, dass er sofort zur Erde zurückkehren soll.

Als O'Neill an Bord des Schiffes materialisiert, trifft er dort anstelle von Thor eine Horde fremdartiger Wesen an, die etwa wie fußballgroße stählerne Spinnen aussehen. Sie stürzen sich sofort auf ihn, und nur mit knapper Not kann er ihnen entkommen.

Schließlich findet er den völlig entkräfteten und bereits vom Tode gezeichneten Thor. Dieser erklärt, bei den elektronischen Spinnen handele es sich um sogenannte Replikatoren, den schier übermächtigen Feind, gegen den die Asgard in ihrer Heimatgalaxis kämpfen würden (s. Folge 45 „Die Saat des Verrats"). Er habe O'Neill nicht direkt zu sich transportieren können, da die dabei freigesetzte Energie die Replikatoren zu ihm gelockt hätte. Bevor er das Bewusstsein verliert, schickt er O'Neill zu einem Instrumentenpult, das ihm alle nötigen Informationen liefern soll.

Auf Knopfdruck wird eine Aufzeichnung Thors wiedergegeben. Er berichtet, dass er sein Schiff in eine Schlacht gegen die Replikatoren geführt habe, diese es jedoch infiziert hätten. Sie sind in der Lage, sich jegliche Technologie zu Eigen zu machen. So haben sie auch die Kontrolle über das Schiff übernommen. Im Computer fanden sie die Koordinaten der Erde und steuerten das Schiff dorthin. Die Besatzung wurde evakuiert, nur Thor blieb zurück. Um ein Entkommen der Replikatoren zu verhindern, habe er die Transportvorrichtung so manipuliert, dass sie nur noch in eine Richtung funktioniert. Ein Verlassen des Schiffes ist also unmöglich. Er schließt mit den Worten, dass er die Replikatoren leider nicht habe aufhalten können und die Erde wahrscheinlich dem sicheren Untergang ausgeliefert habe.

O'Neill projiziert ein Hologramm von sich ins SG-Center, wo General Hammond sich gerade mit Sam und dem mittlerweile zurückgekehrten Teal'c über die Situation berät. Nachdem er kurz die Situation geschildert hat, bittet O'Neill darum, eine große Menge Sprengstoff für ihn bereit zu stellen, die er an Bord des Schiffes holen will, um dieses zu vernichten. Sam und Teal'c wollen mit an Bord des Schiffes transportiert werden, doch O'Neill lehnt dies ab und erklärt, dass es keine Möglichkeit zur Rückkehr mehr gäbe. Es handelt sich also um eine Selbstmordmission für ihn.

Der Sprengstoff wird bereitgestellt, doch als O'Neill ihn an Bord transportiert, sind gegen seinen ausdrücklichen Befehl auch Sam und Teal'c dabei. Sie erklären, sie wüssten eine Möglichkeit, wie sie das Schiff wieder verlassen könnten. Der Start eines Shuttles wird bereits vorbereitet, das sie abholen soll.

Zunächst aber müssen sie sich gegen die Replikatoren zur Wehr setzen, die durch die Energie des Transports angelockt werden. Im Gegensatz zu sämtlichen Strahlenwaffen erweisen sich ihre vergleichsweise altmodischen Gewehre dabei als effektiv.

O'Neill spricht mit Thor über seinen Plan, doch dieser erklärt, alle Asgard-Schiffe seien im Inneren mit Dämmfeldern ausgestattet, die die Wirkung einer Explosion auf ein Minimum beschränken würden. Sam studiert die Aufzeichnungen über das Schiff, in der Hoffnung, eine Schwachstelle zu entdecken.

Derweil berichtet Thor, dass die Replikatoren vor einiger Zeit auf einem abgelegenen Planeten entdeckt worden seien. Ihre Schöpfer wurden vermutlich von ihnen getötet. Die Asgard unterschätzten die Gefahr und nahmen einige der künstlichen Wesen an Bord, um sie zu untersuchen. Die Replikatoren können jedoch jegliche Materie in sich aufnehmen und sich dadurch vermehren. Zugleich können sie sich in elektronische Systeme einschalten und diese übernehmen, wie sie es auch mit Thors Raumschiff gemacht haben. Sie haben es nur deshalb noch nicht gelandet, weil sie zuvor ihre Zahl vergrößern wollen, indem sie sich von dem Schiff ernähren.

Sam findet heraus, dass es einen unkontrollierten Eintritt in die Atmosphäre nicht überstehen, sondern dabei verglühen würde. Sie müssen das Schiff also abstürzen lassen, doch dazu müssten sie zunächst die Kontrolle über die Navigationssysteme zurückgewinnen.

O'Neill und Teal'c schlagen sich zur Kommandozentrale durch, doch diese wurde von den Replikatoren bereits vollständig zerstört, sodass sie unverrichteter Dinge wieder umkehren müssen. Als Alternative wollen sie den Teil des Antriebs, der für die Steuerung zuständig ist, von außerhalb des Schiffes sprengen, wo die Dämmfelder unwirksam sind.

Mit einem Raumanzug begibt sich Teal'c durch eine Luftschleuse ins All, um den Sprengstoff an der Außenhülle anzubringen. Kaum befindet er sich im Freien, wird die Schleuse von den Replikatoren unbrauchbar gemacht. Somit ist ihm dieser Rückweg versperrt. Außerdem hat sein Sauerstofftornister ein Leck. Im letzten Moment kann Sam ihn mit der Transportvorrichtung ins Schiff zurückholen.

Thor geht es immer schlechter. Sie können sein Leben nur retten, indem sie ihn in Tiefschlaf versetzen. Dadurch kann er ihnen jedoch keine Hinweise mehr geben.

Das Schiff schwenkt aus der Umlaufbahn und sinkt tiefer; die Replikatoren wollen es landen.

Sam hat eine Idee, wie sie sich vielleicht doch noch retten können. Zu grenzenlosen Verblüffung von General Hammond löst sich das SternenTor im SG-Center vor seinen Augen auf. Sam hat es mit der Transportvorrichtung an Bord des Schiffes geholt, wo Teal'c es manuell zu aktivieren beginnt.

Gleichzeitig dringen die Replikatoren in den bislang geschützten Raum vor. Ein verzweifelter Abwehrkampf entbrennt. Sam zündet die Bombe und jagt die Steuerdüsen des Schiffes hoch. Zusammen mit Thor flüchtet SG-1 durch das SternenTor zu einer anderen Welt.

Unkontrolliert dringt das Schiff in die Erdatmosphäre ein und verglüht über dem Pazifik. Die letzte Einstellung zeigt einige im Meer treibende Trümmer. Auf einem von ihnen befindet sich ein Replikator, der die Explosion überstanden hat.

Bemerkungen:

Wie schon bei den beiden vorherigen Staffeln endet auch diese mit dem ersten Teil einer Doppelfolge, deren Fortsetzung in deisem Fall den Auftakt der vierten Staffel bilden wird. Der Cliffhanger, dass es doch ein Replikator geschafft hat, unversehrt die Erde zu erreichen, lässt Schlimmes befürchten, da jedes dieser Wesen sich selbst reproduzieren und ihre Zahl somit nach dem Schneeballsystem immer schneller anwachsen kann.

Endlich lernt man den Feind kennen, gegen den die so mächtig erscheinenden Asgard in ihrer Heimatgalaxis einen verzweifelten Kampf führen, in dem sie zu unterliegen drohen. Dabei hat man sich eine wirklich neuartige Bedrohung einfallen lassen. Die Replikatoren sind keine Feinde im eigentlichen Sinne, sondern eine künstliche Schöpfung. Sie besitzen keine Persönlichkeit, handeln aber intelligent. Dennoch ist eine Verständigung mit ihnen und somit auch eine Koexistenz unmöglich.

Im Grunde sind sie Roboter, die nur ihrem Programm folgen. Ihr einziges Ziel ist ihre ungehemmte Reproduktion. Zu diesem Zweck wandeln sie jegliches Metall in Abbilder ihrer selbst um. Zwar können sie selbst nichts erfinden oder gar Raumschiffe selbst bauen, doch dafür haben sie Schiffe der Asgard unter ihre Kontrolle gebracht und verfügen dadurch über deren fortschrittliche Technologie. Insofern haben diese die Gefahr erst selbst heraufbeschworen, indem sie Replikatoren an Bord eines ihrer Schiffe geholt haben. Anderenfalls hätten die Kreaturen die Welt, auf der sie geschaffen wurden, niemals verlassen können.

Als O'Neill den Sprengstoff anfordert, geht er davon aus, dass er Thors Schiff nicht mehr verlassen kann. Deshalb verbietet er Sam und Teal'c zu ihm zu kommen. General Hammond erlaubt es ihnen als ranghöherer Offizier jedoch, was nicht besonders glaubwürdig ist, da er die beiden damit voraussichtlich ebenfalls dem Tod ausliefert. Er hat schon andere Missionen als zu gefährlich abgelehnt, bei denen die Chancen wesentlich besser standen.

Schließlich findet Sam doch noch eine Möglichkeit für sie alle zu entkommen, indem sie das SternenTor an Bord des Schiffes versetzen. Beim Absturz dürfte es ebenfalls zerstört worden sein. Das bedeutet, dass es auf der Erde nun nur noch ein SternenTor gibt. Nachdem das andere verschwunden ist, gibt General Hammond den Befehl, das Zweittor unverzüglich zu installieren, sodass SG-1 von der Welt, auf die sich das Team geflüchtet hat, zurückkehren kann. Die Replikatoren sind im Computer generiert worden, was man ihnen deutlich anmerkt, denn sie sehen ziemlich unecht aus. Gleichzeitig erweist sich das aber auch als Vorteil, da sie irgendwie irreal und gerade dadurch besonders fremdartig und bedrohlich wirken.

Zitate:

Sam: „Mit dieser Maschine analysiere ich die genaue Zerfallsgeschwindigkeit des Naquadahs im Reaktor. Das ist wirklich beeindruckend! Im Gegensatz zu Plutonium hat Naquadah tatsächlich ...“

O'Neill: „Uaah! Ich habe gerade Urlaub!“

(O'Neill hat nicht die geringste Lust, sich auch noch in seiner Freizeit Sams wissenschaftliche Erklärungen anzuhören.)

„Wissen Sie, vielleicht ist das mein Problem, aber ich habe immer geglaubt, wenn man Urlaub hat, dann sollte man eigentlich auch ... weg sein. Daniel erholt sich langsam, Teal'c besucht irgendwo seinen Sohn, und ich persönlich habe da eine Verabredung mit einem hübschen kleinen See in Minnesota, wo die Barsche sooo fett werden.“

(O'Neill kann absolut nicht verstehen, wieso Sam ihre Ferien dazu nutzt, an technischen Instrumenten zu basteln.)

„Um es kurz zu machen: Thors Raumschiff wurde von einem Haufen widerlicher Techno-Käfer übernommen."

(O'Neill bringt die Lage an Bord des Schiffes knapp und bündig auf den Punkt.)

Thor: „Die Replikatoren wurden an Bord dieses Asgard-Raumschiffs gebracht, um sie zu untersuchen. Da war die Gefahr noch nicht in vollem Umfang zu erkennen."

O'Neill: „Das passiert uns andauernd. Von euch, Jungs, hätte ich etwas mehr erwartet."

(Die Asgard besitzen zwar eine weit fortschrittlichere Technologie als die Menschen, aber klüger sind sie deshalb nicht unbedingt.)

Teal'c: „Thor hatte Recht. Wir werden sterben."

O'Neill: „Komm schon, Teal'c, etwas optimistischer. Wir hatten schon öfter solche Situationen."

Sam: „Nein, Sir, hatten wir nicht."

O'Neill: „Hatten wir nicht?"

(Die Chancen, Thors Schiff lebend zu verlassen, sind geringer als gering.)

ANHANG I

DIE WICHTIGSTEN FREMDVÖLKER

Goa'uld:

Die Goa'uld, die Hauptfeinde der Menschheit, sind ein parasitäres Volk. Sie sind Wasserbewohner und sehen in ihrer ursprünglichen Form ungefähr wie geflügelte Würmer aus. Ausgewachsen sind sie etwa unterarmlang. Um überleben zu können, benötigen sie einen Wirt, ein Wesen, von dessen Körper sie Besitz ergreifen können. Ihre erste Wirtsrasse waren die Unas, eine Rasse außergewöhnlich zäher Reptilienabkömmlinge, über die ansonsten kaum etwas bekannt ist. Nach der Entdeckung der Erde vor vielen Jahrtausenden zogen sie jedoch Menschen als Wirte vor.

Die in der Entwicklung befindliche Larve eines jungen Goa'uld wird einem Jaffa eingepflanzt. Hierbei handelt es sich um besonders ergebene Diener ihres Herrschers, für die dieses Zeremoniell eine besondere Ehre darstellt. In seinem Körper wächst sie heran, bis sie alt genug ist, einen Wirt zu übernehmen. Wie lange dies dauert, ist bislang unbekannt. Schon im Larvenstadium verleiht ein Goa'uld seinem Jaffa ein deutlich längeres Leben, Resistenz gegen die meisten Gifte und hilft ihm, Verletzungen wesentlich schneller zu kurieren.

Meist ergreift ein Goa'uld von einem Wirt Besitz, indem er diesem eine Wunde im Nacken zufügt, durch die er in seinen Körper eindringt. Anschließend verbindet er sich mit dessen zentralem Nervensystem und erlangt so die vollständige Kontrolle über den Körper. Das Bewusstsein des Wirtes wird in den Hintergrund gedrängt und führt nur noch ein Schattendasein als passiver Zuschauer. Nur in seltenen Fällen gelingt es einem Wirt, mit höchster Konzentration kurzzeitig die Kontrolle wiederzuerlangen, doch letztlich ist der Goa'uld stets stärker.

Ein Mensch, der von einem Goa'uld übernommen wurde, spricht mit dumpfer, verzerrter Stimme. Außerdem kann er seine Augen aufleuchten lassen.

Die Goa'uld verfügen über eine Technologie, die der irdischen in vielerlei Hinsicht überlegen ist, doch haben sie diese nicht selbst entwickelt, sondern sich nach und nach von anderen Kulturen angeeignet. Sie sind keine Wissenschaftler, sondern Herrscher. Viele von ihnen halten sich sogar für Götter und lassen sich von den von ihnen unterjochten Völkern als solche verehren.

Die Goa'uld sind extrem langlebig, viele von ihnen leben bereits seit Jahrtausenden. Zudem verfügen sie über ein Gerät, das Sarkophag genannt wird. Damit können sie ihren Wirtskörper nicht nur jung erhalten: ein Sarkophag kann auch jede Verletzung heilen und sogar einen Toten wieder zum Leben erwecken.

Dem Kinofilm zufolge war Ra der erste Goa'uld, der die Erde entdeckte und Besitz vom Körper eines Menschen ergriff. Die Überlieferungen auf Abydos berichten, dass er einer der letzten Überlebenden eines sterbenden Volkes war. Seither haben die Goa'uld – möglicherweise durch die Verbindung mit den Menschen – einen gewaltigen Aufschwung erlebt, da sie mittlerweile weite Teile der Galaxis beherrschen. Ihr wichtigstes Hilfsmittel hierbei ist die Beherrschung der SternenTore, allerdings besitzen sie auch Raumschiffe, die mit Überlichtgeschwindigkeit fliegen können.

Ra ließ sich vor Jahrtausenden von den Ägyptern als Sonnengott verehren. Durch das irdische SternenTor verschleppte er zahlreiche Menschen aus verschiedenen

Kulturen auf unbewohnte andere Welten, vor allem auf das von ihm beherrschte Abydos. Insofern stammen die Bewohner der meisten bislang bekannten Planeten von einstmals dort angesiedelten Menschen ab. Schließlich gab es auf der Erde jedoch einen Aufstand. Das SternenTor wurde vergraben, was die Erde davor bewahrte, eine von unzähligen Kolonien der Goa'uld zu bleiben.

Innerhalb der Goa'uld gibt es eine besondere Herrscherkaste, die Systemlords. Sie sind Despoten, die die Galaxis weitgehend unter sich aufgeteilt haben. Jeder von ihnen besitzt einen eigenen Herrschaftsbereich, doch sind viele von ihnen untereinander verfeindet und führen sogar Kriege gegeneinander, um ihre eigene Macht zu vergrößern. Dies ist ihre größte Schwäche, denn es bietet ihren Gegnern die Möglichkeit, sie gegeneinander auszuspielen, und verhindert, dass sie ihre Kräfte vereinen, um mit geballter Macht beispielsweise gegen die Erde vorzugehen.

Jaffa:

Die Jaffa sind das wichtigste Hilfsvolk der Goa'uld. Sie fungieren als Krieger für ihren Herrscher, den sie als Gott verehren. Meist sind sie mit Stablanzen bewaffnet.

Darüber hinaus stellen sie ihren Körper aber auch als eine Art Brutkasten für Goa'uld-Larven zur Verfügung. Diese werden ihnen durch eine kreuzförmige Öffnung in der Bauchdecke eingesetzt. Werden sie wieder entfernt, bedeutet das den Tod für den betreffenden Jaffa.

Die Larven besitzen noch kein eigenes Bewusstsein, und müssen erst heranwachsen, um später von einem eigenen Wirt Besitz zu ergreifen. Dadurch ist es ihnen nicht möglich, das Handeln ihres Jaffa zu kontrollieren. In diesem Stadium handelt es sich um eine Symbiose zum beiderseitigen Vorteil. Der Jaffa ermöglicht es der Goa'uld-Larve, in seinem Körper heranzuwachsen, im Gegenzug verlängert sie sein Leben, macht ihn widerstandsfähiger und hilft ihm, Verletzungen schneller zu kurieren. Gerade deshalb sind Jaffa als Krieger berüchtigt.

Der bekannteste Jaffa in „StarGate Kommando SG-1“ ist Teal'c, der einst Kriegsherr des Goa'uld Apophis war, sich dann aber auf die Seite der Menschen schlug und seither Mitglied im Team von SG-1 ist.

Wie alt genau ein Jaffa werden kann, ist unbekannt, doch behauptet Bra'Tac, Teal'cs ehemaliger Lehrmeister, bereits über 130 Jahre alt zu sein.

Tok'ra:

Die Tok'ra gehören eigentlich auch zum Volk der Goa'uld, doch werden sie nur äußerst ungern daran erinnert, da sie sich von diesen zu distanzieren versuchen. Sie sind Widerstandskämpfer und versuchen, die Macht der Systemlords zu brechen, weshalb sie von diesen erbittert gejagt und bekämpft werden. Die Tok'ra werden von einem „Hohen Rat“ regiert, dessen Vorsitzende Garshaw von Belote ist, laut Teal'c „die meistgesuchte Goa'uld aller Zeiten.“ Auch die Tok'ra sind auf Wirtskörper angewiesen. Im Gegensatz zu den Goa'uld ergreifen sie jedoch nicht gegen den Willen eines Wirts Besitz von ihm, sondern verschmelzen nur mit Freiwilligen. Auch unterdrücken sie das Bewusstsein eines Wirtes nicht, sondern gehen eine echte Symbiose mit ihm ein, von der beide profitieren.

Wenn sich die Tok'ra auf einer Welt niederlassen, gehen sie sofort unter die Planetenoberfläche, damit man sie schwerer aufspüren kann. Sie besitzen spezielle Kristalle, die es ihnen ermöglichen, in extrem kurzer Zeit unterirdische Gänge wachsen zu lassen und auf diese Art Stützpunkte anzulegen.

Anders als die Goa'uld lehnen sie die Benutzung von Sarkophagen ab, da sie glauben, dass diese ihnen nach und nach die Identität rauben würden. Sie vermuten sogar, dass die Goa'uld dadurch so skrupellos und machtgierig geworden sind.

Erste Begegnung mit den Tok'ra machten die Menschen in Folge 22 „Freund oder Feind?“. Obwohl diese normalerweise mit niemandem gegen dessen Willen verschmelzen, wechselte eine Tok'ra namens Jolinar in Sams Körper, weil ihr bisheriger Wirt schwer verwundet wurde und im Sterben lag. Sie betrachtete dies als eine kurzfristige Übergangslösung, wurde wenig später jedoch von einem Killer des Goa'uld Chronos aufgespürt und ermordet, was fast auch Sams Tod zur Folge gehabt hätte. Durch die Verschmelzung hat Sam die StarGate-Adresse einer Tok'ra-Welt erfahren. In dem Zweiteiler „Die Tok'ra, Teil 1 & Teil 2“ (Folgen 31 & 32) reist SG-1 zu dieser Welt und nimmt mit den Widerstandskämpfern Kontakt auf. Dieser ist zunächst von gegenseitigem Misstrauen geprägt. Das ändert sich erst, als Jakob Carter, Sams unheilbar an Krebs erkrankter Vater, sich als Wirt für den Tok'ra Selmak zur Verfügung stellt, wodurch beide überleben.

Seither gibt es ein Bündnis zwischen den Menschen und den Tok'ra, das sich mehr als einmal für beide Seiten als nützlich erwiesen hat. Jakob Carter lebt bei den Tok'ra und fungiert als eine Art Verbindungsmann zur Erde.

Ein weiterer bekannter Tok'ra ist Martouf, der ebenfalls schon mehrfach mit SG-1 zusammengearbeitet hat. Ihn verband einst eine Liebesbeziehung mit Jolinar, weshalb er sich auch mit Sam besonders gut versteht, ohne dass sich jedoch bislang mehr als Freundschaft zwischen ihnen entwickelt hat.

Asgard:

Die Asgard sind eines der mächtigsten Völker im bekannten StarGate-Universum. Ihre Technik ist der der

Goa'uld weit überlegen, so kann es ein einzelnes Asgard-Raumschiff problemlos mit mehreren Goa'uld-Mutterschiffen aufnehmen.

Die Asgard sind Feinde der Goa'uld, haben aber Verträge mit ihnen geschlossen. So haben sie bestimmte Planeten unter ihren Schutz gestellt, und selbst die Systemlords wagen es nur in seltenen Fällen, gegen diese Verträge zu verstoßen.

Auf Vermittlung des Asgard Thor wird in Folge 45 „Die Saat des Verrats" auch die Erde in den Bund der geschützten Welten aufgenommen, allerdings gibt Thor zu, dass dies in erster Linie symbolischen Charakter hat. Die Asgard stammen aus einer anderen, nicht näher bezeichneten Galaxis, wo sie einen erbitterten Kampf gegen einen Gegner führen, der ungleich gefährlicher ist als die Goa'uld. Dabei handelt es sich um Replikatoren, mit denen auch die Menschen in Folge 64 „Nemesis, Teil 1" unliebsame Bekanntschaft machen.

Dieser Krieg beansprucht ihre gesamten Ressourcen, eine zweite Front können sie sich nicht leisten. Sollte tatsächlich eine unter ihrem Schutz stehende Welt angegriffen werden, wären sie nicht in der Lage, dieser wirkungsvoll zu Hilfe zu eilen. Ihr Schutz ist nicht viel mehr als ein Bluff, doch das wissen die Goa'uld nicht, weshalb sie bisher davor zurückschrecken, die Asgard zu provozieren. Als die unter seinem Schutz stehenden Cimmerianer in Folge 26 „Rückkehr des Thor" von dem Goa'uld Heru'ur angegriffen werden, zerstört Thor zwar dessen Schiffe, allerdings wäre auch er machtlos gewesen, wenn es sich um eine groß angelegte Invasion gehandelt hätte.

Die Asgard sind humanoid, werden jedoch nicht viel größer als einen Meter. Sie besitzen keinen Haarwuchs und keine sichtbaren Geschlechtsmerkmale, was der Grund dafür sein dürfte, dass sie keine Kleidung tragen. Ihre

Körper sind schmächtig, ihre Arme im Verhältnis zu ihrer Größe zu lang. Sie haben große, schwarze Augen ohne erkennbare Pupillen; ihre Mundpartie läuft spitz zu, und es gibt keine Nase.

Die Asgard verfügen über eine ähnliche Transporttechnologie wie die Goa'uld, benötigen dafür jedoch keine Ringe. Ohne eine entsprechende Vorrichtung können sie Menschen oder Gegenstände an Bord ihrer Schiffe versetzen oder von dort aus zu einem Planeten schicken, in dessen Umlaufbahn sie sich befinden.

Der einzige Asgard, mit dem die Menschen bislang näheren Kontakt hatten, ist Thor.

Tollaner:

Ursprünglich stammen die Tollaner vom Planeten Tollan, der jedoch durch eine Naturkatastrophe unbewohnbar wurde. Als SG-1 in Folge 15 „Enigma" dort eintrifft, entdeckt das Team außer zahlreichen Toten auch etwa ein Dutzend Überlebende, die nicht mehr rechtzeitig evakuiert werden konnten. Gegen deren Willen werden sie zur Erde gebracht.

Die Geretteten zeigen sich ziemlich undankbar. Sie verhalten sich arrogant und abweisend, und verdächtigen die Menschen, es nur auf ihre überlegene Technologie abgesehen zu haben. Einer ihrer Grundsätze ist es, unterentwickelten Kulturen ihre Errungenschaften auf keinen Fall zugänglich zu machen, da sie aus schlechten Erfahrungen gelernt haben, dass diese sie meist in internen Kriegen einsetzen, um sich selbst zu vernichten.

Auf keinen Fall wollen die Tollaner auf der Erde bleiben, allerdings können sie den anderen ihres Volkes auch nicht folgen, da diese mittels Raumschiffen auf einen Planeten übergesiedelt sind, auf dem es kein SternenTor gibt. Schließlich erklären sich die gleichfalls hoch entwickelten Nox bereit, sie bei sich aufzunehmen, bis sie eine Möglichkeit finden, dem Rest ihres Volkes zu folgen.

Erst in Folge 57 „Die Tollan-Triade“ bekommen die Menschen erneut Kontakt mit ihnen. SG-1 wird nach Tollana, der neuen Heimat des Volkes, eingeladen, wo man mittlerweile ein SternenTor erbaut hat. O’Neill und Daniel sollen dort als Fürsprecher an einer Triade teilnehmen, einer Gerichtsverhandlung, bei der Skaara von dem ihn beherrschenden Goa’uld Klorel befreit wird. Die Goa’uld nutzen diese Triade, um Tollana anzugreifen, was aufgrund der Arroganz der Tollaner, die sich für unbesiegbar halten, fast zum Untergang des Planeten führt. Gemeinsam mit der Nox Lya gelingt es Teal’c jedoch, eine der Abwehrkanonen den Manipulationen der Goa’uld zu entziehen, sodass diese die angreifenden Mutterschiffe zerstören kann. Dennoch sind die Tollaner nicht bereit, den Menschen einen Teil ihrer Technologie zur Verfügung zu stellen, unterhalten aber fortan diplomatische Beziehungen zur Erde.

In Folge 60 „O’Neill auf Abwegen“ helfen sie mit, eine Verschwörung Colonel Maybornes aufzudecken, deren Ziel es ist, außerirdischen Völkern gewaltsam ihre Technologien zu entwenden.

Die Tollaner werden von der Kanzlerin Travell regiert, sonst ist über ihre Regierungsform nichts weiter bekannt. Mittels ihrer Technik sind sie in der Lage, durch das SternenTor zur Erde zu reisen, auch wenn dort die Iris geschlossen ist. Sie erschaffen einfach ein Fenster in dem Metall, durch das sie treten.

Nox:

Auf der Suche nach einem Wesen, das sich unsichtbar machen kann, reist SG-1 in Folge 6 „Die Macht der Weisen“ auf den Planeten P3C-117. Dort trifft man die Nox, ein Volk einfacher Waldbewohner, das in einen Dorf aus primitiven Hütten lebt. Schon bald jedoch zeigt sich, dass die Nox über unglaubliche geistige Fähigkeiten verfügen. Als die Mitglieder von SG-1 in einem Feuergefecht von Jaffa getötet werden, erwecken die Nox sie wieder zum Leben.

Allerdings sind sie völlig pazifistisch und lehnen jegliche Gewalt ab. So erwecken sie nicht nur SG-1 wieder zum Leben, sondern auch einen Jaffa aus der Garde von Apophis. Der Goa'uld ist ebenfalls auf der Suche nach dem Geheimnis der Unsichtbarkeit nach P3C-117 gekommen.

Es stellt sich heraus, dass sich das geheimnisvolle fliegende Wesen, nach dem sowohl Apophis wie auch die Menschen suchen, nicht selbst unsichtbar machen kann, sondern dass in Wahrheit die Nox diese Fähigkeit besitzen und die Besucher damit genarrt haben.

Die Friedfertigkeit der Nox geht so weit, dass sie sogar Apophis retten, als dieser in die Gewalt von SG-1 gerät, und ihm die Rückkehr durch das SternenTor ermöglichen. Bevor auch die Menschen die Nox wieder verlassen, zeigen diese ihnen eine gewaltige unsichtbare Stadt in den Wolken. Zwar führen die Nox ein bewusst einfaches Leben im Einklang mit der Natur, doch verfügen sie über eine Technik, die auch der der Goa'uld weit überlegen ist.

Vor langer Zeit hat es eine Allianz zwischen den Nox, den Asgard, den Antikern, dem bislang völlig unbekannten Volk, das die SternenTore erbaut hat, und noch einem weiteren unbekannten Volk gegeben. Sie trafen sich regelmäßig auf dem Planeten, auf dem Ernest Littlefield rund fünfzig Jahre gefangen war, nachdem er das SternenTor bei dessen erster Aktivierung 1945 durchquert hat (s. Folge 10 „Die Qualen des Tantalus"). Von Thor wird den Menschen in Aussicht gestellt, dass sie in nicht allzu ferner Zukunft in diese Allianz aufgenommen werden könnten.

Die Nox stehen den Menschen wohlwollend gegenüber, greifen – anders als beispielsweise die Asgard – aufgrund ihrer pazifistischen Grundeinstellung jedoch nicht in deren Kampf gegen die Goa'uld ein. Auch als die Goa'uld anlässlich der Triade über das weitere Schicksal Skaaras die verbündeten Tollaner angreifen, bleibt die dort anwesende Nox Lya ihren Grundsätzen treu. Sie kämpft nicht gegen die Goa'uld, sondern macht lediglich eine der tollanischen Abwehrkanonen unsichtbar, sodass diese nicht zerstört wird.

Wie die Tollaner und die Asgard sind auch die Nox in der Lage, die Irisblende vor dem irdischen SternenTor zu durchdringen.

Abydonier:

Der Wüstenplanet Abydos ist die erste Fremdwelt, die ein irdisches Militärkommando unter der Leitung von Colonel Jack O'Neill bereits im Kinofilm durch das SternenTor erreicht. Ra, der den Planeten zu diesem Zeitpunkt noch beherrscht, brachte vor Jahrtausenden Menschen von der Erde hierher, ehe das irdische SternenTor vergraben wurde.

Die Abydonier haben sich seither kaum weiterentwickelt. Unter der Führung des alten Kasuf leben sie in einer Stadt in der Wüste und verehren ihren Gott Ra. Um zu verhindern, dass sie Wissen anders als in mündlicher Form weitergeben können, hat dieser ihnen das Lesen und Schreiben verboten. Erst durch das Eintreffen der Menschen von der Erde ändert sich die Situation. Es kommt zu einem Aufstand gegen Ra, der getötet wird. O'Neill freundet sich mit Kasufs Sohn Skaara an. Daniel Jackson verliebt sich in Skaaras Schwester Sha'uri und bleibt auf Abydos zurück, um dort mit ihr zu leben und die Abydonier zu unterrichten.

Schließlich jedoch wird Apophis auf den Planeten aufmerksam. Er verschleppt mehrere Abydonier, darunter auch Sha'uri und Skaara, auf seine Zentralwelt Chulak. Dort wird Sha'uri als Wirtin für Apophis' Gefährtin Amaunet ausgewählt, sein Sohn Klorel ergreift Besitz von Skaara.

Die übrigen Abydonier können befreit werden und auf ihre Welt zurückkehren. Auf Anordnung von Daniel vergraben sie das dortige SternenTor für genau ein Jahr. Als sie es nach Ablauf dieser Zeit in Folge 29 „Sha'res Rückkehr" wieder freilegen und Daniel nach Abydos reist, trifft er dort zu seiner Überrschung Sha'uri an, die von Apophis schwanger ist. Daniel hilft ihr, das Kind zur Welt zu bringen. Er täuscht vor, es wäre von dem Goa'uld Heru'ur entführt worden und lässt es in der Obhut von Kasuf zurück.

Später durchschaut Amaunet diese Täuschung jedoch. Sie entführt Kasuf und zahlreiche Abydonier und versteckt das Kind an dem geheimnisvollen Ort Kheb. Kasuf und die anderen werden durch eine groß angelegte militärische Operation mehrerer SG-Teams befreit, wobei Sha'uri/ Amaunet den Tod findet (s. Folge 52 „Sha'res Tod").

Reetou:

Bei den Reetou handelt es sich um ein unsichtbares Volk von Insektenabkömmlingen, das über modernste Waffentechnik verfügt. Aufgrund ihrer Unsichtbarkeit wurden die ursprünglich friedlichen Reetou von den Goa'uld als potentielle Bedrohung eingeschätzt und erbarmungslos bekämpft. Goa'uld und auch Jaffa können die Gegenwart eines Reetous spüren; in seiner Gegenwart empfinden sie starke Übelkeit. Die von ihnen zu spürende Ausstrahlung konnte isoliert werden, was zur Entwicklung von speziellen Waffen, den TLS, führte, mit denen die Reetou sichtbar gemacht werden konnten. Aufgrund der TLS gelang es den Goa'uld, die Reetou weitgehend auszurotten.

Von den Überlebenden haben sich die Reetou-Rebellen abgespaltet, die eine Gefahr für sämtliche Völker der Galaxis darstellen. Sie sind der Ansicht, dass die Goa'uld zu mächtig sind, um sie direkt zu bekämpfen; deshalb handeln sie nach dem Prinzip der „Zersetzung". Ihr größenwahnsinniges Ziel ist es, sämtliche potentiellen Wirte zu töten, um die Goa'uld dadurch zu schwächen, auch wenn das milliardenfachen Mord bedeutet. Meist arbeiten sie dabei in kleinen Kommandos von fünf bis zehn Terroristen, die unsichtbar auf eine Welt gelangen und dort möglichst großen Schaden anrichten.

Die Menschen erfahren erstmals in Folge 40 „Neue Feinde" von dieser Bedrohung. Die Zentralautorität der Reetou schickt einen geklonten menschlichen Jungen zur Erde, der eine entsprechende Warnung überbringt, dass die Erde das nächste Ziel der Rebellen sei.

Mit Hilfe der Tok'ra, die einige TLS in ihrem Besitz haben, können die bereits ins SG-Center eingedrungenen Reetou-Rebellen, die nur die Vorhut einer großen Invasionsarmee bilden, unschädlich gemacht werden. Die Gefahr bleibt jedoch nach wie vor akut. Um zu verhindern, dass noch einmal unbemerkt eingedrungene Reetou Kontrolle über die Computer des SG-Centers übernehmen und die Irisblende eigenmächtig öffnen können, werden alle wichtigen Geräte dort mit Handflächenscannern ausgestattet.

Replikatoren:

Die Replikatoren, von O'Neill auch als „widerliche Techno-Käfer" bezeichnet, sind eigentlich kein eigenes Volk, sondern eine künstliche Schöpfung. Wer sie erschaffen hat, ist unbekannt; es wird vermutet, dass ihre Schöpfer ihnen selbst zum Opfer fielen. Ihr Aussehen ähnelt dem von Spinnen, die aus Metallsteinchen zusammengesetzt wurden.

Sie entstammen der gleichen Galaxis wie die Asgard, zu deren erbittertsten Feinden sie wurden. Die Asgard entdeckten sie einst auf einem ansonsten unbewohnten Planeten und nahmen einige von ihnen zu Forschungszwecken an Bord. Allerdings unterschätzten sie die von ihnen ausgehende Gefahr, was sich schon bald als verhängnisvoller Fehler erwies.

Die Replikatoren besitzen keine Individualität, wohl aber eine künstliche Intelligenz, die ausschließlich darauf gerichtet ist, sich zu schützen und sich selbst unbegrenzt zu reproduzieren. Dies tun sie, indem sie jedes Material, auf das sie treffen, absorbieren und so verändern, dass daraus ein Bauelement für einen neuen Replikator wird. Ihre Widerstandsfähigkeit und ihre Farbe ist dementsprechend von dem zur Verfügung stehenden Rohmaterial abhängig, weshalb sie besonders harte Legierungen bevorzugen.

Da sie gewissermaßen eigene kleine Computer darstellen, können die Replikatoren sich in alle elektronischen Systeme einschalten und diese übernehmen. Auf diese Art erlangten sie die Kontrolle über das Asgard-Schiff, das einige von ihnen an Bord genommen hat. Fortan besaßen sie die Möglichkeit, auch andere Welten zu erreichen.

Alle von den Asgard für den Kampf gegen sie entwickelten Technologien erwiesen sich als nutzlos, da diese schon bald von den Replikatoren übernommen wurden, wodurch diese selbst immer mächtiger wurden. Mit einer Flotte erbeuteter Schlachtschiffe bedrohen sie mittlerweile sogar die Zentralwelt der Asgard.

Auch Thors Schiff konnten sie unter ihre Kontrolle bringen. In den Datenspeichern entdeckten sie die Koordinaten der Erde und steuerten das Schiff in Folge 64 „Nemesis, Teil 1“ dorthin. Zwar gelang es SG-1, das Schiff zu zerstören, doch einer der Replikatoren überlebte auf einem ins Meer gestürzten Trümmerstück.

Chulaker:

Chulak ist die Zentralwelt von Apophis' Herschaftsbereich. Dort wuchs auch Teal'c auf und ließ seine Frau Drey'Auc und seinen Sohn Rya'c dort zurück, als er sich im Pilotfilm auf die Seite der Menschen stellte. Apophis versucht, die beiden als Druckmittel gegen ihn zu verwenden, woraufhin sie von SG-1 befreit und auf einem anderen Planeten in Sicherheit gebracht wurden (s. Folge 28 „Der verlorene Sohn").

Nach dem erfolglosen Angriff auf die Erde in Episode 21 „Die Invasion: Kampf um die Erde" bricht Apophis Macht zusammen, was schließlich sogar zu seinem Tod führt. Andere Goa'uld, allen voran Sokar und Heru'ur, verleiben sich sein früheres Reich ein.

Chulak selbst bleibt davon verschont, doch bricht dort immer größer werdendes Chaos aus. In Folge 43 „Die Höhle des Löwen, Teil 2" kehrt Teal'c dorthin zurück und bemüht sich, zusammen mit seinem ehemaligen Lehrmeister Bra'Tac einen Aufstand gegen die Apophis nach wie vor treu ergebenen Jaffa zu organisieren, doch schließen sich ihm nur wenige Chulaker an.

Als Bra'Tac in Folge 62 „Harsesis Rettung" zur Erde kommt, berichtet er, dass auf Chulak mittlerweile Bürgerkrieg ausgebrochen sei. Apophis, der durch einen Sarkophag wieder zum Leben erweckt wurde, scheint nicht mehr viel an seiner Heimatwelt zu liegen, denn auf der Suche nach seinem Sohn hat er Chulak angegriffen und ohne Rücksicht auf Freund und Feind verwüstet.

ANHANG II

DIE WICHTIGSTEN PERSONEN

Colonel Jack O'Neill:

Nach dem Tod seines Sohnes Charlie quittiert Colonel O'Neill den Dienst beim Militär. Der Junge hatte mit seiner Dienstpistole gespielt und sich dabei versehentlich erschossen. Damit wird nicht fertig, so dass auch die – mittlerweile geschiedene – Ehe mit seiner Frau Sara daran zerbricht. O'Neill hat jede Lebenslust verloren; es wird sogar angedeutet, dass er mit dem Gedanken an Selbstmord spielt. Dann jedoch wird er von der Army zurückgeholt, um das Kommando bei der durch das SternenTor geplanten Expedition zum Planeten Abydos zu übernehmen. Nach erfolgreichem Abschluss der Mission zieht er sich wieder aus dem aktiven Dienst zurück, doch als sich herausstellt, dass man durch das SternenTor auch andere Welten erreichen kann, und mehrere SG-Teams gegründet werden, ist er bereit, das Kommando über SG-1 zu übernehmen.

O'Neill ist Soldat durch und durch, was zumindest anfangs häufig zu Konflikten mit den beiden Wissenschaftlern seines Teams, Daniel Jackson und Samantha Carter, führt. Obwohl seine Vorbehalte nach und nach schwinden und er sich mit beiden anfreundet, bleibt ihm ihr Forschungseifer weiterhin fremd. Für ihn steht bei jeder Expedition der militärische Aspekt im Vordergrund. Vor allem gegen komplizierte wissenschaftliche Erklärungen, von denen er kaum ein Wort versteht, hegt er eine ausgesprochene Abneigung.

Allerdings pflegt er selber ein wissenschaftliches Hobby, nämlich die Astronomie. Als ihn im Pilotfilm zwei Soldaten auf Befehl von General Hammond zum

SG-Center bringen sollen, finden sie ihn auf dem Dach seines Hauses vor, von wo aus er durch ein Teleskop die Sterne beobachtet. Außerdem hört er gerne klassische Musik.

O'Neills trockener Humor ist berüchtigt, vor allem in Gefahrensituationen bricht immer wieder sein Sarkasmus bei ihm durch. Obwohl gerade Sam und Daniel des Öfteren einen bissigen Kommentar abbekommen, steht er jedoch bedingungslos zu seinen Leuten und lässt sie nicht im Stich, wenn sie in Schwierigkeiten geraten.

Als Soldat ist er es gewohnt, Befehle zu empfangen. Gerade wenn es um das Risiko von Rettungsmissionen geht, ist er von Zeit zu Zeit anderer Ansicht als General Hammond, beugt sich letztlich jedoch dessen Anordnungen.

In Folge 59 „O'Neill und Laira" verliebt er sich auf dem Planeten Edora in die Eingeborene Laira, nachdem das dortige SternenTor durch einen Asteroideneinschlag verschüttet worden ist und es so aussieht, als ob er den Rest seines Lebens auf Edora verbringen müsste. Als es freigelegt wird und er doch zur Erde zurückkehren kann, verspricht er Laira, eines Tages wiederzukommen.

Dr. Daniel Jackson:

Daniel ist Sprachforscher und Ägyptologe. Mit unglaublichen Theorien wie der, dass die großen ägyptischen Pyramiden von Außerirdischen erbaut wurden, ruiniert er seinen Ruf in Fachkreisen, erweckt aber die Aufmerksamkeit von Catherine Langford, die ihn zum SG-Projekt holt. Hier gelingt ihm, woran alle bisher herangezogenen Experten gescheitert sind: die Entschlüsselung der Zeichen auf dem SternenTor. Um vor Ort die Koordinaten für die Rückkehr zu ergründen, begleitet Daniel ein Militärkommando unter der Leitung von Colonel O'Neill nach Abydos, wo er als Sprachforscher Kontakt mit den

Abydoniern herstellt und mithilft, den Aufstand gegen Ra zu organisieren. Dabei verliebt er sich in Sha'uri, eine Abydonierin.

Nach dem Sieg über Ra heiratet er sie und bleibt auf Abydos, bis der Planet eines Tages von Apophis überfallen wird. Sha'uri, ihr Bruder Skaara und einige weitere Abydonier werden entführt. Um ihnen zu helfen, wird Daniel Mitglied im neu gegründeten Team von SG-1. Zwar gelingt es, die anderen Abydonier zu befreien, doch kann auch SG-1 nicht verhindern, dass Sha'uri und Skaara zu Goa'uld-Wirten gemacht werden.

Anders als er es ursprünglich geplant hat, bleibt Daniel bei SG-1, ohne allerdings dem Militär beizutreten. Zwar hat auch er sich den Befehlen von O'Neill und General Hammond zu beugen, doch genießt er als Zivilist einige Vorteile. Anfänglich war er Pazifist, doch die raue Wirklichkeit des Krieges gegen die Goa'uld hat ihn verändert und härter werden lassen. Mittlerweile weiß auch er sich sehr gut seiner Haut zu wehren und hat keine Bedenken, dies in einer Gefahrensituation zu tun.

Seine Aufgabe fasziniert ihn, trifft SG-1 doch immer wieder auf Menschen, die in Kulturen zusammenleben, die solchen der irdischen Antike oder des Mittelalters ähneln, aus denen sie einst entführt wurden. So erscheint der Kontakt mit ihnen oftmals wie eine Reise in die Vergangenheit der Erde. Vor allem Daniels Wissen über die antiken Götter, von denen viele in Wahrheit Goa'uld waren, ist für das SG-Projekt von großer Bedeutung.

Bei seiner Arbeit hat jedoch die Suche nach Sha'uri oberste Priorität. Er hofft, seine Frau eines Tages zu finden und sie von Amaunet, der Goa'uld, die ihren Körper in Besitz genommen hat, zu befreien.

Als er vereinbarungsgemäß nach einem Jahr erstmals nach Abydos zurückkehrt, trifft er sie zu seiner Überraschung dort hochschwanger an (s. Folge 29 „Sha'res Rückkehr). Er hilft ihr, das Kind zur Welt zu bringen, muss sie anschließend jedoch zu Apophis zurückkehren lassen.

Die nächste Begegnung mit ihr findet unter noch dramatischeren Umständen statt. Amaunet hat das Kind sowie zahlreiche Abydonier in ihre Gewalt gebracht. Bei einer Befreiungsaktion versucht sie Daniel mit ihrem goldenen Handmodul zu töten. Um ihn zu retten, bleibt Teal'c nichts anderes übrig, als sie zu erschießen (s. Folge 52 („Sha'res Tod").

Daniel stürzt daraufhin in eine tiefe Krise. Da Amaunets Tod auch den Tod Sha'uris bedeutet, hat die weitere Mitarbeit beim SG-Projekt für ihn jeden Sinn verloren. Außerdem kann er Teal'c nicht verzeihen. Er kündigt und zieht sich ins Privatleben zurück, doch immer wieder erscheint ihm Sha'uri im Traum und drängt ihn, sich mit Teal'c auszusöhnen und zu SG-1 zurückzukehren, um nach ihrem mit Apophis gezeugten Kind zu suchen. Schließlich erweisen sich diese Ereignisse als eine Vision, die Sha'uri ihm unmittelbar vor ihrem Tod über das Handmodul geschickt hat, um zu verhindern, dass er falsch reagiert.

Wie von ihr erhofft, bleibt Daniel beim SG-Projekt. So kann er als Skaaras Fürsprecher wenigstens mithelfen, dass Sha'uris Bruder im Zuge einer Gerichtsverhandlung bei den Tollanern von dem Goa'uld Klorel befreit wird (s. Folge 57 „Die Tollan-Triade").

Im Kinofilm und den ersten Folgen der Serie litt Daniel unter einer Reiseallergie. Jedesmal, wenn er das SternenTor durchquerte, litt er unter Niesanfällen, doch legte sich diese Allergie nach einiger Zeit. Zumindest wurde sie nicht mehr erwähnt, und die Nieserei hörte auf.

Daniels Eltern kamen bei einem Unfall ums Leben, als er acht Jahre alt war. Sein einziger noch lebender Verwandter ist sein Großvater Nick Ballard.

Captain/Major Samantha Carter:

Zu Beginn der Serie ist Sam nur Captain, wird aufgrund ihrer Verdienste jedoch in Folge 45 „Die Saat des Verrats“ zum Major befördert.

Sie ist ausgebildete Pilotin und ist während des Golfkriegs zahlreiche Kampfeinsätze geflogen. Zudem ist sie jedoch auch Wissenschaftlerin. Ihr Spezialgebiet ist die Plasma- und Partikelforschung; als Astrophysikerin hat sie eine Doktorarbeit über Quantenmechanik geschrieben. Aufgrund seiner Abneigung gegen Wissenschaftler möchte O'Neill sie zunächst nicht in seinem Team haben, doch lernt er ihre Fähigkeiten rasch schätzen. Als Daniel die Entschlüsselung der Zeichen auf dem SternenTor gelingt, ist sie bereits seit zwei Jahren dabei, intensiv das Material des Tores zu untersuchen.

In Folge 22 „Freund oder Feind“ schlüpft die Tok'ra Jolinar von Malkshur für einige Zeit in Sams Körper, wird jedoch von einem Killer des Goa'uld Chronos getötet, was beinahe auch Sams Tod zur Folge hat. Sie überlebt jedoch, und seither schlummern Jolinars Erinnerungen in ihrem Unterbewusstsein, was SG-1 schließlich in Kontakt mit den Tok'ra bringt.

Sam verlor ihre Mutter durch einen Unfall, als sie noch ein Kind war, was sie mit Daniel verbindet. Ihr Vater, Jakob Carter, ist ebenfalls Offizier. Er kam selbst nur sehr schwer über den Verlust hinweg und konnte Sam kaum Trost spenden, weshalb ihr Verhältnis zueinander stark abgekühlt ist. Hinzu kommt, dass Jakob sich immer wieder in ihr Leben einmischt und ihr vorzuschreiben versucht, was seiner Meinung nach für sie das Beste ist. So kann er nicht begreifen, dass sie ihren Jugendtraum, Astronautin zu werden, aufgegeben hat, um als Forscherin an irgendeinem obskuren Projekt mitzuarbeiten. Da das SG-Projekt streng geheim ist, hat sie ihm gegenüber behauptet, sie wäre mit der Analyse der Radar-Telemetrie im Weltall beschäftigt.

Als Jakob erfährt, dass er unheilbar an Krebs erkrankt ist, setzt er sie erneut moralisch unter Druck, sich zur NASA versetzen zu lassen (s. Folge 29 „Sha'res Rückkehr"). Schließlich kann er nicht ahnen, dass sie durch das SternenTor bereits zahlreiche andere Planeten bereist hat.

Das Verhältnis zwischen ihnen ändert sich erst, als er die Wahrheit erfährt und sich als Wirt für den Tok'ra Selmak zur Verfügung stellt. Zwar sehen sich die beiden nur noch selten, weil Jakob seither bei den Tok'ra lebt, doch verstehen sie sich besser als jemals zuvor.

Als er in Folge 54 „Jolinars Erinnerungen" in die Gefangenschaft des Goa'uld Sokar gerät, kann Sam aufgrund der in ihr verborgenen Erinnerungen Jolinars maßgeblich zu seiner Rettung beitragen.

Mit ihrem Bruder Mark hat sie nur gelegentlichen Kontakt. Sie lebt für ihre Arbeit, selbst im Urlaub zieht sie es vor, wissenschaftliche Forschungen zu betreiben, statt wegzufahren und sich irgendwo zu erholen.

Mit dem Tok'ra Martouf, dem früheren Geliebten von Jolinar, verbindet sie eine Freundschaft, ohne dass sich daraus bislang jedoch eine Liebesbeziehung entwickelt hat, obwohl vage Ansätze in diese Richtung angedeutet werden.

Teal'c:

Teal'c ist der einzige Außerirdische im Team von SG-1. Ursprünglich diente er auf dem Planeten Chulak dem Goa'uld Apophis als Jaffa. Er stieg sogar zu dessen Primus auf, seinem obersten Jaffa und Befehlshaber seiner Truppen. Allerdings hat er schon vor geraumer Zeit erkannt, dass Apophis ein falscher Gott ist. Dazu dürfte auch der Einfluss seines Lehrmeisters Bra'Tac beigetragen haben, der selbst im Geheimen gegen den Goa'uld kämpfte.

Vor allem belasteten die Greueltaten, die Apophis oft verüben ließ, sein Gewissen. Als dieser nach der Auswahl einiger neuer Wirte im Pilotfilm befiehlt, alle übrigen Gefangenen zu töten, verweigert Teal'c ihm den Gehorsam und stellt sich stattdessen auf die Seite der Menschen, in denen er Verbündete entdeckt zu haben glaubt, mit deren Hilfe die Macht von Apophis gebrochen werden könnte. Nachdem er seine Loyalität bewiesen hat, wird er ins Team von SG-1 aufgenommen.

Anfangs zeigen Pentagon und Geheimdienst großes Interesse an ihm und wollen ihn als Forschungsobjekt missbrauchen, was glücklicherweise verhindert werden kann. Sein Symbiont, die Goa'uld-Larve, die er als Jaffa in sich trägt und der das besondere Interesse der Militärs gilt, lässt sich ohnehin nicht entfernen, ohne dass dies seinen Tod zur Folge hätte. Der Symbiont bildet sein Immunsystem und macht ihn weitgehend unempfindlich gegen Krankheiten und Gifte.

Obwohl Teal'c sich von Apophis losgesagt hat, trägt er weiterhin dessen goldenes Schlangensymbol auf seiner Stirn.

Geraume Zeit verschweigt Teal'c, dass er seine Frau Drey'Auc und seinen Sohn Rya'c auf Chulak zurückgelassen hat. Er fürchtet, dass die Menschen ihm dann misstrauen würden, da es ihn erpreßbar macht. Die beiden fristen nach seinem Verrat ihr Leben als Ausgestoßene. Als Teal'c sie in Folge 28 „Der verlorene Sohn" besucht, muss er erfahren, dass Drey'Auc neu geheiratet hat, um ihrem Sohn wieder ein Leben innerhalb der Gesellschaft zu ermöglichen. Dennoch liebt sie Teal'c noch immer. Frotak, ihr neuer Ehemann, versucht SG-1 an Apophis zu verraten, wird aber vorher von O'Neill getötet. Rya'c wurde von Apophis einer Gehirnwäsche unterzogen und steht seither treu auf dessen Seite. Doch mit Hilfe von Dr. Fraiser kann der Einfluss gebrochen werden. Um die beiden vor Apophis' Macht zu schützen, bringt Teal'c sie auf einem anderen Planeten in Sicherheit.

Innerhalb von SG-1 genießt Teal'c einen ähnlichen Sonderstatus wie Daniel Jackson. Auch er untersteht nicht der Militärgerichtsbarkeit, akzeptiert jedoch die Kommandostruktur und gehorcht den Befehlen, die er von O'Neill oder General Hammond erhält. Lediglich als der General ihm in Folge 42 „Die Höhle des Löwen, Teil 1" verbietet, nach den verschollenen anderen Mitgliedern von SG-1 zu suchen, quittiert Teal'c vorübergehend den Dienst und kehrt nach Chulak zurück, um mit Hilfe von Bra'Tac zu versuchen, dort Freiwillige für eine Rettungsmission zu finden.

In Apophis' Diensten hat Teal'c eine umfangreiche militärische Ausbildung genossen. Sein Wissen über die Goa'uld und ihre Strategien sind für das SG-Projekt von enormer Bedeutung.

Selbst die ungewöhnlichsten Ereignisse nimmt er meist mit einer stoischen Ruhe hin. Er zeigt nur selten Emotionen, und wenn er etwas sagt, ist es meist knapp und lakonisch. Humor scheint ihm weitgehend fremd zu sein, doch bricht er in schallendes Gelächter aus, als er in Folge 44 „Seth" einen bei den Jaffa beliebten Witz erzählt, der allerdings deutlich demonstriert, dass Jaffa und Menschen einen ziemlich unterschiedlichen Humor haben.

Als Teal'c noch ein Kind war, diente sein Vater dem Goa'uld Chronos als Primus und wurde von diesem auf eine aussichtslose Mission geschickt. Nach der vorauszusehenden Niederlage wurde sein Vater zur Strafe getötet, Teal'c selbst und seine Mutter ins Exil verbannt. Sie flohen nach Chulak. Teal'c setzte alles daran, zum Primus von Apophis zu werden, dem erklärten Todfeind von Chronos, um sich eines Tages an diesem rächen zu können, was ihm bislang jedoch nicht möglich war. Zwar trifft er in Folge 45 „Die Saat des Verrats“ mit Chronos zusammen, als dieser zu Verhandlungen auf die Erde kommt, doch stellt Teal'c seine Rachegelüste im Interesse der Menschheit zurück.

General George Hammond:

Als Oberbefehlshaber des SG-Projekts hat General Hammond bereits vor Beginn der Serie die Nachfolge von General West angetreten, der diese Position im Kinofilm innehatte. Hammond ist nur dem Pentagon und dem Präsidenten selbst unterstellt. Unter seinem Kommando wurden die ersten SG-Teams gegründet, nachdem sich herausstellte, dass durch das SternenTor auch andere Welten als nur Abydos zu erreichen sind.

Seine erste Bekanntschaft mit SG-1 liegt jedoch schon wesentlich länger zurück. Als das Team in Folge 41 „1969“ aufgrund einer Störung des SternenTores in eben jenes Jahr geschleudert wird und man sie für russische Spione hält, treffen sie mit dem jungen Hammond zusammen. Zu dieser Zeit noch Lieutenant, hilft er SG-1 aufgrund einer Nachricht, die er als General an sich selbst geschrieben und Sam mitgegeben hat. Dieses Zusammentreffen beeinflusste seinen Werdegang und gab den Ausschlag, dass er die Leitung des SG-Projekts übernahm.

In dieser Funktion trägt er eine große Verantwortung und ist gelegentlich gezwungen, auch unpopuläre Entscheidungen zu treffen, wenn ihm die Gefahr bei einer Expedition zu groß erscheint. Zudem befindet er sich von Zeit zu Zeit in der undankbaren Position, Befehle von höherer Stelle bekannt geben zu müssen, selbst wenn diese den Interessen des Projekts zuwiderlaufen.

Ansonsten steht er jedoch voll hinter seinen Leuten und stärkt ihnen den Rücken, soweit es in seiner Macht steht. Als O'Neill, Daniel und Sam nach einem Einsatz vermisst werden und Teal'c den Dienst quittiert, um nach ihnen zu suchen, lässt Hammond sich sogar beurlauben und folgt Teal'c in Folge 43 „Die Höhle des Löwen, Teil 2" nach Chulak, um diesem auf eigene Faust bei der Suche zu helfen. Deutlicher als alle Worte zeigt dies, welches hohe persönliche Risiko er einzugehen bereit ist, wenn seine Untergebenen in Schwierigkeiten stecken, vor allem, wenn es sich um die Mitglieder von SG-1 handelt, zu denen er ein besonders intensives Verhältnis hat.

Als Hammond und O'Neill im Pilotfilm einander vorgestellt werden, behauptet der General, die Aufklärung der Umstände, unter denen Apophis durch das SternenTor ins SG-Center eindringen konnte, sei voraussichtlich sein letzter Einsatz. Er wisse noch nicht, was er danach tun solle, spiele jedoch mit dem Gedanken, ein Buch zu schreiben.

Dr. Janet Fraiser:

Obwohl sie in zahlreichen Episoden mitspielt, ist über die Ärztin Dr. Fraiser kaum etwas bekannt. Sie arbeitet in einem Militärkrankenhaus der Air Force, außerdem leitet sie die Krankenstation des SG-Centers.

Obwohl sie nur eine kleine, zierliche Statur besitzt, verfügt sie über große Autorität. Ihre medizinischen Fachkenntnisse werden allgemein hoch geschätzt und ihre Anordnungen von ihren Patienten fast immer befolgt, wenngleich manchmal nur mit Murren. Lediglich O'Neill verstößt in seltenen Fällen dagegen, doch beruht dies darauf, dass er seine eigenen Kräfte überschätzt, wofür er in der Regel prompt die Quittung bekommt.

Fraiser hat sich einverstanden erklärt, die kleine Cassandra bei sich aufzunehmen, ein außerirdisches Mädchen, dessen gesamtes Volk durch eine biologische Waffe der Goa'uld getötet wurde (s. Folge 13 „Cassandra"). Ursprünglich war dies nur als eine vorläufige Lösung gedacht, bis geeignete Eltern, die ebenfalls Geheimnisträger sind, für das Mädchen gefunden werden. Da der gegenwärtige Zustand jedoch schon geraume Zeit andauert, ist nicht anzunehmen, dass sich daran etwas ändern wird.

Colonel Harry Mayborne:

Colonel Mayborne arbeitet für die Air Force und leitet einen streng geheimen Ableger des Geheimdienstes NID. Aufgrund guter Beziehungen besitzt er im Pentagon allerdings wesentlich mehr Einfluss als andere Offiziere in seiner Position.

Er ist ein erklärter Gegner des SG-Projekts, zumindest der Art, wie General Hammond es leitet. Seiner Meinung nach sollte die Menschheit Außerirdischen gegenüber wesentlich weniger zimperlich vorgehen und sich fremde Technologien auch gegen deren Willen aneignen, um sich wirksamer gegen die Goa'uld verteidigen zu können.

Eine Weile kann er dieses Ziel mit Hilfe des zweiten auf der Erde entdeckten SternenTores verfolgen, bis SG-1 ihm auf die Schliche kommt und das Tor seinem Zugriff entzogen wird.

Dennoch treibt er seine Pläne weiter voran. Seine Leute agieren fortan von einem anderen Planeten aus, auf dem es ein SternenTor gibt, und schmuggeln die Beute, die sie auf fremden Welten gemacht haben, anschließend mit Hilfe eines Verräters bei einem SG-Team zur Erde.

Diese Aktivitäten bringen das SG-Projekt bei verschiedenen außerirdischen Völkern in Verruf, da man glaubt, es sei für den Diebstahl ihrer Technologien verantwortlich. In Folge 60 „O'Neill auf Abwegen" gelingt es O'Neill, Maybornes Organisation zu infiltrieren und auffliegen zu lassen. Auch der Verräter – Colonel Makepeace von SG-3 – kann enttarnt werden. Bislang ist noch nicht bekannt, wie dieser Rückschlag sich auf Maybornes weitere Karriere auswirkt.

Obwohl er das SG-Projekt des Öfteren in Schwierigkeiten bringt, weshalb er dort verständlicherweise nicht gerade beliebt ist, bringt er eine humorvolle Note in die Serie. Seine Rolle ist so übertrieben angelegt, und er agiert stets so verbissen und fanatisch, dass man ihn kaum ernst nehmen kann. Was immer er auch unternimmt, sein Scheitern ist von Anfang an vorprogrammiert, sodass es den Zuschauer freut, wenn Mayborne wieder eins auf den Deckel bekommt.

Ungeachtet seines militärischen Rangs sagen die Mitglieder von SG-1 ihm häufig ihre Meinung über ihn offen ins Gesicht, auch wenn dies eindeutig den Tatbestand der Beleidigung erfüllt und eigentlich disziplinarisch geahndet werden müsste.

Auf jeden Fall gibt es bei Episoden, in denen Mayborne mitspielt, meist einiges zu lachen.

Thor:

Thor entstammt dem weit fortgeschrittenen Volk der Asgard, das in einer anderen Galaxis beheimatet ist. Er scheint so etwas wie ihr Repräsentant in der Milchstraße zu sein, jedenfalls hält er sich häufig hier auf und ist der einzige Asgard, mit dem die Menschen bislang näheren Kontakt hatten.

Erstmals trifft SG-1 in Folge 9 „Im Reich des Donnergottes“ auf die Asgard, als Daniel der Theorie nachgeht, dass es außer den Goa'uld noch andere Außerirdische geben müsste, die in den irdischen Mythologien die Rolle von Göttern gespielt haben. Gerade die Legenden um den Donnergott Thor aus den nordischen Göttersagen beschäftigen ihn. Auf der von den Asgard geschützten Welt Cimmeria nehmen sie seine Spur auf, doch entdecken sie lediglich eine holografische Aufzeichnung, die ihn als archaischen Krieger zeigt.

Erst als Cimmeria in Folge 26 „Rückkehr des Thor“ von dem Goa'uld Heru'ur angegriffen wird, zeigt sich Thor SG-1 in seiner wahren Gestalt als Asgard und vernichtet Heru'urs Raumschiffe.

Aufgrund von Thors Vermittlung kommt in Folge 45 „Die Saat des Verrats“ ein Waffenstillstandspakt zwischen der Erde und den Systemlords zustande.

Dem Hauptfeind der Asgard, den Replikatoren, ist jedoch auch er nicht gewachsen. Sie töten ihn beinahe, übernehmen sein Schiff und steuern es in Folge 64 „Nemesis, Teil 1“ zur Erde, um sich auch dort ausbreiten zu können.

Ra:

Ra ist der erste Goa'uld, mit dem es das SG-Projekt zu tun bekommt. Vor vielen Jahrtausenden kam er in einem sterbenden Körper zur Erde und stellte fest, dass sich die Menschen hervorragend als Wirte eigneten. Er ergriff Besitz vom Körper eines jungen Mannes und ließ sich in Ägypten als Sonnengott verehren. Im ägyptischen Götterglauben ist die Verschmelzung zwischen Mensch und Tier weit verbreitet. Auf Abbildungen wurde Ra mit dem Körper eines Menschen und dem Kopf eines Falken dargestellt, was dem Aussehen seiner Rüstung und denen seiner Jaffa entspricht.

Durch das SternenTor brachte er zahlreiche Menschen auf den Planeten Abydos, wo sie für ihn als Sklaven schuften mussten. Dann aber fand auf der Erde ein Aufstand gegen ihn statt. Das SternenTor wurde vergraben, wodurch er nicht mehr dorthin zurückkehren konnte.

Seine Herrschaft über die Abydonier jedoch dauerte über die Jahrtausende hinweg an, bis das irdische SternenTor schließlich dank der Hilfe Daniel Jacksons erneut aktiviert wird. Eine Militäreinheit unter dem Kommando von Colonel O'Neill reist nach Abydos und knüpft Kontakte mit der dortigen Bevölkerung.

Ra befielt eine Strafexpedition gegen deren Stadt, doch verfehlt diese ihre Wirkung. Stattdessen erheben die Abydonier sich gegen seine Herrschaft. Er versucht mit seinem Raumschiff zu fliehen, doch wird es im Orbit von einer Atombombe zerstört, die O'Neill ihm mittels Transportringen an Bord geschickt hat. Dies bedeutet auch Ras wenig ruhmreiches Ende.

Der ägyptischen Mythologie zufolge hatte Ra eine Tochter, Hathor, die er sogar damit beauftragte, die Menschheit auszulöschen, weil diese begann, die Götter in Frage zu stellen. Nach Beginn des Massenmordes besann er sich jedoch anders und verzieh den Menschen.

In „StarGate Kommando SG-1" hingegen ist Hathor Ras Schwester und Geliebte, mit der er einen Nachkommen hat, nämlich den Goa'uld Heru'ur, der mittlerweile die Nachfolge seines Vaters angetreten hat und dessen Tod zu rächen versucht. Genau wie Ra selbst ist Heru'ur ein Todfeind von Apophis.

Apophis:

Nach dem Tod von Ra ist Apophis zum Hauptfeind der Menschheit geworden. Sein Wappentier ist die Schlange, weshalb der Helm seiner Rüstung und der seiner Jaffa einem Schlangenkopf nachgebildet ist.

Apophis gehört zu den Systemlords, der Führungselite der Goa'uld, und das Zentrum seines Machtbereichs ist der Planet Chulak. Nach einem missglückten Angriff auf die Erde, bei dem er einen beträchtlichen Teil seiner Armee verliert, bricht seine Macht jedoch in sich zusammen (s. Folge 21 „Die Invasion: Kampf um die Erde"). Daraufhin verleiben sich andere Goa'uld seinen Machtbereich ein, unter ihnen Sokar und auch Heru'ur, der Sohn seines ehemaligen Todfeindes Ra.

Der Name von Apophis' Goa'uld-Gefährtin lautet Amaunet, und er besitzt zumindest einen Nachkommen, Klorel. Im Pilotfilm wählen die beiden die Abydonier Sha'uri und Skaara zu neuen Wirten, während Apophis' Wirt bereits Jahrtausende alt ist und aus dem Ägypten der Zeit der Pharaonen stammt. Amaunet wird von Teal'c getötet (s. Folge 52 „Sha'res Tod"), während Klorel in Folge 57 „Die Tollan-Triade" aus dem Körper Skaaras verbannt wird.

Es ist unbekannt, wie sich die Goa'uld fortpflanzen, doch im Körper ihrer Wirte zeugen Apophis und Amaunet ein Kind, was einen drastischen Verstoß gegen die Gesetze der Goa'uld darstellt, da ein solches Kind, das Harsesis genannt wird, selbst kein Goa'uld ist, aber durch genetische Vererbung über deren gesamtes Wissen verfügt.

Nach seiner Niederlage bittet Apophis ausgerechnet auf der Erde um Asyl, stirbt dort jedoch an den Folgen seiner Verletzungen. Sein Leichnam wird an Sokar ausgeliefert, der ihn mittels eines Sarkophags wieder zum Leben erweckt, um ihn weiterhin foltern zu können.

In Folge 55 „Apophis Rückkehr" organisiert Apophis einen Aufstand der Gefangenen gegen Sokar. Durch eine Bombe der Tok'ra explodiert der Mond Netu, was auch die Zerstörung von Sokars Schiff zur Folge hat. Apophis kann sich rechtzeitig von dort retten; was aus Sokar wird, bleibt ungewiss. Den einzigen Hinweis für das SG-Team, dass es Apophis danach gelang, Sokars Macht an sich zu reißen, bildet eine Schilderung Bra'Tacs, der in Folge 62 „Harsesis Rettung" berichtet, dass Apophis an der Spitze von Sokars Armee ganz Chulak auf der Suche nach dem Harsesis-Kind durchsuchen und verwüsten ließ.

Sokar:

Wie viele andere mächtige Goa'uld hat auch Sokar Eingang in die irdischen Mythen gefunden, und zwar als leibhaftiger Teufel.

Er gehörte einst zu den Systemlords, doch wurde er ihnen zu mächtig, weshalb sich einige von ihnen unter der Führung von Chronos gegen ihn verbündeten, ihn besiegten und verbannten. Unbemerkt von ihnen gewann Sokar jedoch erneut an Macht. Seine Residenz befindet sich auf dem Planeten Dalmak, der von dem Mond Netu umkreist wird. Auf diesen Mond, den er in das Äquivalent des irdischen Fegefeuers verwandelt hat, hat er seine Gefangenen verbannt. Als einziger Goa'uld hat er noch einige der reptilienhaften Unas in seinen Diensten, die vor der Entdeckung der Menschheit das erste Wirtsvolk der Goa'uld bildeten.

Seine neue Macht demonstriert Sokar, als er Apophis besiegt und einen Teil von dessen Reich seinem eigenen Machtbereich einverleibt. Als der schwerverletzte Apophis daraufhin auf der Erde um Asyl bittet, bekommen auch die Menschen einen ersten Eindruck von Sokars Stärke. Als erstem Goa'uld gelingt es ihm beinahe, die Irisblende zu zerstören, indem er sie mit einem Strom subatomarer Partikel bombardiert. Das Schlimmste kann nur verhindert werden, weil man ihm Apophis Leichnam ausliefert.

Mittlerweile ist Sokar stark genug geworden, es auch mit der vereinten Macht der Systemlords aufzunehmen. Er will sich an ihnen rächen und selbst die Herrschaft über die Galaxis übernehmen, was für die Milchstraße eine schreckliche Terrorherrschaft bedeuten würde. Ein vernichtender Militärschlag seinerseits steht unmittelbar bevor, als SG-1 zusammen mit dem Tok'ra Martouf in Folge 54 „Jolinars Erinnerungen" ins Zentrum von Sokars Machtbereich vordringt, um Sams Vater zu befreien, der in seine Gewalt geraten ist. Apophis, der mittels eines Sarkophags wiederbelebt wurde, nutzt die Ankunft von SG-1, um auf Netu einen Aufstand gegen Sokar anzuzetteln.

Nach der Befreiung von Jakob Carter wird Netu mit einer Bombe der Tok'ra zur Explosion gebracht. Gleichzeitig wird auch Sokars Schiff wird. Von da an bleibt es ungewiss, ob dieser dabei ums Leben kam, oder ob ihm rechtzeitig die Flucht gelang. Jedenfalls ist er seither in der Serie nicht wieder aufgetaucht, wohingegen Apophis das Kommando über dessen Armee übernommen zu haben scheint.

Bra'Tac:

Bra'Tac ist ein auf Chulak lebender Jaffa, ein altgedienter Kämpfer, der lange Zeit neue Krieger für Apophis ausbildete. Er war auch Teal'cs Lehrmeister.

In Wahrheit steht Bra'Tac allerdings schon lange nicht mehr so treu zu Apophis, wie es den Anschein hat. Er weiß, dass dieser kein Gott, sondern nur ein Tyrann ist, der sein Volk ausbeutet. Aus diesem Grund arbeitet Bra'Tac im Geheimen gegen ihn.

So hilft er Teal'c, dessen Sohn aus der Gewalt von Apophis zu befreien (s. Folge 28 „Der verlorene Sohn“).

Als Apophis einen Großangriff auf die Erde plant, befinden sich auch Bra'Tac und einige seiner Vertrauten an Bord eines der Schiffe (s. Folge 21 „Die Invasion: Kampf um die Erde“). Nur dank seiner Hilfe gelingt es SG-1, den Angriff zu vereiteln und von Bord der Schiffe zu entkommen, ehe diese explodieren.

Nach dem Zusammenbruch von Apophis' Reich bemüht sich Bra'Tac, auf Chulak einen Aufstand gegen dessen noch zu dem Goa'uld stehende Gefolgsleute zu organisieren, was ihn fast das Leben kostet.

Er ist bereits über hundertdreißig Jahre alt und beginnt, seines Lebens überdrüssig zu werden. Aus diesem Grund begleitet er SG-1 auf der Suche nach dem Harsesis-Kind nach Kheb, da es sich alten Jaffa-Legenden zufolge um einen Ort des Durchgangs handelt, an dem ein Jaffa seine körperliche Existenz aufgeben und auf eine höhere Existenzebene aufsteigen kann. Als Bra'Tac konkret vor der Entscheidung steht, entschließt er sich jedoch, weiterzuleben, um seinen Kampf gegen die Goa'uld fortzusetzen.

Es ist anzunehmen, dass er auch Teal'c schon bei dessen Ausbildung beeinflusste und Zweifel an der Göttlichkeit von Apophis in ihm säte. Zwar stieg Teal'c bis zum Primus von Apophis auf, dennoch trug seine Saat verspätet Früchte, als dieser sich weigerte, ein weiteres Mal auf Befehl des Goa'uld hin Unschuldige hinzurichten und sich stattdessen auf die Seite der Menschen schlug. Wie Bra'Tac seinem einstigen Schüler später erklärt, erfüllt ihn diese Entscheidung mit Stolz.

Sha'uri:

Wie bereits an anderer Stelle erwähnt, gibt es zwei Schreibweisen dieses Namens, was besonders irritierend ist, da er in Form von „Sha're" im Titel von zwei Episoden vorkommt. Dennoch wird in diesem Episodenguide die schon im Kinofilm eingeführte Schreibweise „Sha'uri" beibehalten.

Sha'uri ist auf dem Planeten Abydos geboren. Ihr Vater ist Kasuf, das Oberhaupt der Abydonier, ihr jüngerer Bruder heißt Skaara. Als im Kinofilm ein irdisches Militärkommando durch das SternenTor nach Abydos gelangt, hilft sie Daniel Jackson nicht nur, die Sprache und Bräuche ihres Volkes zu erlernen, sondern verliebt sich auch in ihn.

Während des Kampfes gegen den über Abydos herrschenden Goa'uld Ra wird sie von einem Jaffa getötet, doch Daniel holt sie mittels Ras Sarkophag wieder ins Leben zurück.

Nach dem Sieg über Ra bleibt Daniel auf Abydos und heiratet Sha'uri. Die Idylle endet jedoch, als Apophis den Planeten überfällt und mehrere Abydonier nach Chulak verschleppt, unter ihnen auch Sha'uri und Skaara. Beide werden als Wirte für Goa'uld ausgewählt. Von Sha'uri ergreift Apophis' Gefährtin Amaunet Besitz. Obwohl dies nach den Gesetzen der Goa'uld streng verboten ist, zeugen Amaunet und Apophis ein menschliches Kind miteinander, einen so genannten Harsesis. Während der Dauer der Schwangerschaft überlässt Amaunet Sha'uri wieder die Kontrolle über den gemeinsamen Körper, weil anderenfalls Gefahr für das Ungeborene bestünde. Sie kehrt nach Abydos zurück.

Zu seinem Leidwesen erfährt Daniel erst davon, als sie bereits kurz vor der Niederkunft steht, anderenfalls hätte er versuchen können, sie mit Hilfe der Asgard oder eines anderen hochentwickelten Volkes von dem Goa'uld zu befreien. Stattdessen kann er ihr nur noch bei der Geburt helfen (s. Folge 29 „Sha'res Rückkehr"). Als kurz darauf wieder Amaunet die Kontrolle über ihren Körper übernimmt, gaukelt er ihr vor, das Kind wäre von dem verfeindeten Goa'uld Heru'ur entführt worden, der dies tatsächlich erfolglos versucht hatte. In Wahrheit hat Daniel den Jungen in die Obhut Kasufs gegeben. Mit leeren Händen kehrt Amaunet zu Apophis zurück.

Nach dessen Entmachtung findet sie jedoch heraus, wo sich das Kind wirklich befindet. Sie bringt dieses, Kasuf und zahlreiche andere Abydonier in ihre Gewalt und versteckt den Jungen an dem legendenumwobenen Ort Kheb.

SG-1 beteiligt sich an einer Befreiungsaktion für die Abydonier. Dabei trifft Amaunet erneut mit Daniel zusammen. Sie bedroht ihn mit ihrem goldenen Handmodul und wird daraufhin von Teal'c mit dessen Stablanze erschossen. Da auch alle ihre Jaffa getötet werden, sodass niemand sie mittels eines Sarkophags mehr retten kann, bedeutet das ihr endgültiges Ende (s. Folge 52 „Sha'res Tod").

Unmittelbar vor ihrem Tod kann Sha'uri, unbemerkt von Amaunet, Daniel über deren Handmodul noch eine Vision schicken. In dieser teilt sie ihm mit, wo sich das Kind befindet, und beschwört ihn, sich nicht aus dem SG-Projekt zurückzuziehen.

Sha'uri findet auf Abydos ihre letzte Ruhestätte.

Skaara:

Skaara wurde als Sohn von Kasuf auf dem Planeten Abydos geboren und ist der jüngere Bruder von Sha'uri. Bereits beim ersten Zusammentreffen mit den Menschen von der Erde freundet er sich vor allem mit O'Neill an und hilft maßgeblich, den Aufstand gegen Ra zu organisieren.

Zusammen mit mehreren anderen Abydoniern wird auch Skaara von Apophis nach Chulak verschleppt. Genau wie seine Schwester wird auch er dort als Wirt ausgewählt. Apophis' Sohn Klorel ergreift Besitz von ihm.

Gemeinsam mit seinem Vater leitet Klorel den geplanten Großangriff auf die Erde und kommandiert eines der Schiffe. Hier trifft er auch wieder mit O'Neill zusammen. Dieser beschwört Skaara, sich gegen Klorel aufzulehnen, was ihm auch kurzzeitig gelingt, doch letztlich erweist sich der Goa'uld als stärker (s. Folge 21 „Die Invasion: Kampf um die Erde").

Anders als zunächst vermutet, gelingt es sowohl Apophis wie auch Klorel, rechtzeitig zu fliehen, ehe ihre Schiffe zerstört werden.

Als Apophis' Reich nach dieser Niederlage von anderen Goa'uld zerschlagen wird, wird auch Klorel von dem Systemlord Heru'ur gejagt. Er flüchtet auf den Planeten Tollana (s. Folge 57 „Die Tollan-Triade"). Nach dem

Absturz seines Todesgleiters verliert Klorel das Bewusstsein, was es Skaara ermöglicht, die Tollaner um Hilfe zu bitten und ihn von dem Goa'uld zu befreien.

Diese berufen eine Triade ein, eine Art Gerichtsverhandlung, die über sein weiteres Schicksal entscheiden soll. Skaara wählt O'Neill und Daniel Jackson zu seinen Verteidigern, Klorel wird von dem Goa'uld Zipacna vertreten, einem der treusten Gefolgsmänner von Apophis.

Das Urteil fällt zugunsten von Skaara aus; Klorel wird aus seinem Körper entfernt. Dessen weiteres Schicksal ist unbekannt, während Skaara als freier Mann nach Abydos zurückkehrt.